从零开始学采购

供应商管理与采购过程控制

王波｜张坤琳｜岳良运　著

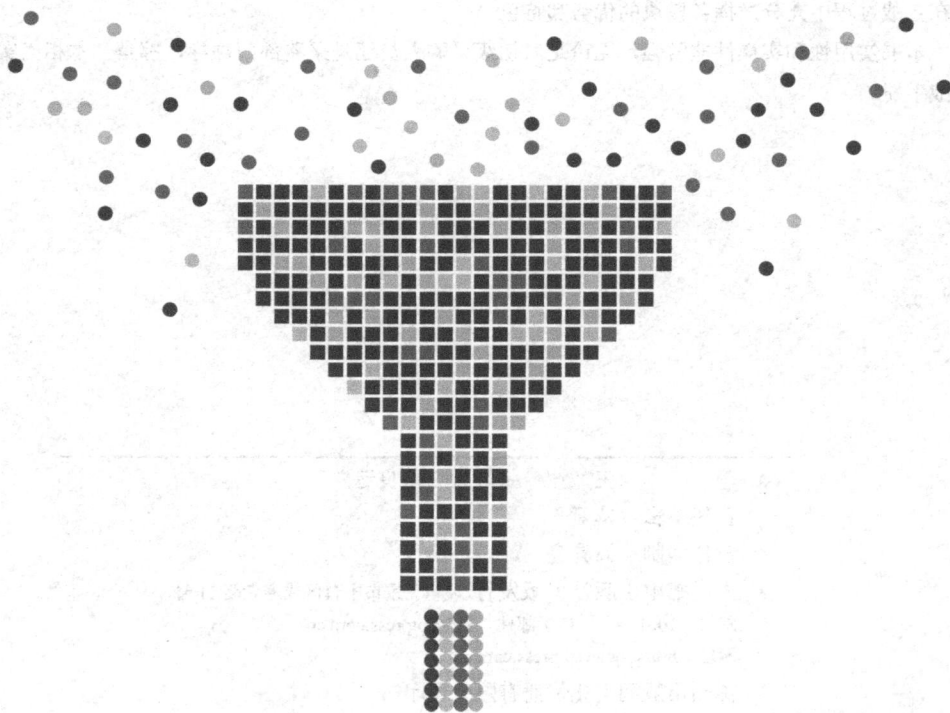

人民邮电出版社

北京

图书在版编目（ＣＩＰ）数据

从零开始学采购：供应商管理与采购过程控制 / 王波，张坤琳，岳良运著. -- 北京：人民邮电出版社，2018.5
ISBN 978-7-115-48158-0

Ⅰ．①从… Ⅱ．①王… ②张… ③岳… Ⅲ．①采购—基本知识 Ⅳ．①F713.3

中国版本图书馆CIP数据核字(2018)第058373号

内 容 提 要

本书围绕采购这一核心内容，从基础的采购模式切入，广涉财务知识、供应商管理、谈判技巧、合同管理、仓储盘点、成本控制等内容，使读者充分了解和掌握采购管理的模块知识和操作技巧，并在实战过程中充分发挥各模块的优势和特色。

本书实用性和实操性非常强，无论是对初级采购人员还是采购部门领导，都是一本相当实用的实战手册。

◆ 著　　　王　波　张坤琳　岳良运
　　责任编辑　恭竟平
　　责任印制　周昇亮

◆ 人民邮电出版社出版发行　　北京市丰台区成寿寺路 11 号
　　邮编　100164　　电子邮件　315@ptpress.com.cn
　　网址　https://www.ptpress.com.cn
　　涿州市般润文化传播有限公司印刷

◆ 开本：700×1000　1/16
　　印张：14.25　　　　　　　　2018 年 5 月第 1 版
　　字数：233 千字　　　　　　 2025 年 8 月河北第 36 次印刷

定价：59.80 元

读者服务热线：(010)81055296　印装质量热线：(010)81055316
反盗版热线：(010)81055315

采购不易，采购人员既要找到好货源，还要谈成好价格，从理论到实践，采购人员需要跨越一道鸿沟。可以说，在采购行业，谁先入了采购的大门，谁就快人一步；谁先掌握了采购的诀窍，谁就拿到了采购的"金钥匙"。那么，在前景广阔的采购行业，如何快速掌握采购基础知识，如何有效地落实采购措施，成长为一名金牌采购员？这本书就从零开始，为你解读采购知识。

采购追求的是"买得便宜，卖得贵，中间环节不浪费"，看似简单，却暗示了采购人员与供应商之间的现实挑战。本书通过细致解读采购环节的各个要素以及操作技巧，教你有关采购的实用方法论。

全书采用了案例详细分析与理论精细解读相结合的方法，将枯燥的理论知识用诙谐幽默、浅显直白的话语娓娓道来。

本书除了介绍必备的基础理论知识外，特别强调实务操作，以采购模式为切入点，广涉财务知识、供应商管理、成本控制、谈判技巧、合同管理、订单处理、库存盘点等，内容全面，对各个细分方向均有详细解读，提供拿来就用的采购实操技巧。这些渐进式的采购技巧，能为初学者提供难忘的学习体验。

受作者水平和成书时间所限，本书难免存有疏漏和不当之处，敬请指正。

本书内容及体系结构

第1章　采购模式：不同采购模式的不同策略

第1章以采购模式为切入点，解读常见的5大采购模式，包括集中采购和分散采购、询价采购、即时采购、招标采购、电子商务采购，重点解析各个模式的特点、优势以及相关问题，为接下来的采购学习之旅打下基础。

第2章　采购财务知识：让采购变得专业化、规范化

第2章以采购财务知识为主，解读如何让采购变得专业化、规范化。因为采购活动离不开财务的支持，两者必有交集，所以，采购人员必须了解一些会计知识、税务知识和发票知识。本章列举了一些与采购相关的财务知识，助力采购活动。

第 3 章　供应商管理：找准后援团，实现准时化采购

第 3 章从供应商管理入手，围绕寻找供应商和筛选供应商这两大主题，解读采购知识的供应商部分，包括多种渠道和方式寻找供应商，多个角度考虑筛选供应商，最终为采购活动确定合适的合作伙伴。

第 4 章　采购成本控制：实现利润最大化和运营低成本

第 4 章以采购成本控制为核心，重点解读如何实现采购的利润最大化和低成本运营。以影响采购的因素为切入点，分别分析公司内部、供应商对采购的影响，双管齐下，全方位控制采购成本。

第 5 章至第 6 章　采购的谈判技巧和合同管理

这两章分别以采购的谈判技巧和合同管理为切入点，前者以争取最大限度地降低采购成本为目标，对谈判过程、技巧、应对、僵局处理等问题逐个进行解析；后者针对合同管理的任务，阐述如何防范采购风险，维护公司利益，避免陷入误区。

第 7 章　采购订单处理：确保物料能满足生产计划要求

第 7 章以采购的订单处理为核心，重点解读如何确保物料能满足生产计划要求，包括采购订单类型、物料请购、订单跟踪、交货与验收，确保物料供应。

第 8 章至第 10 章　采购的仓储管理、库存盘点、库存成本控制

这 3 章分别从采购的仓储管理、库存盘点、库存成本的角度，综合性解读采购的管理与控制问题，具体包括仓库的建设与管理、盘点、呆废料处理、库存成本控制等问题，目的是让采购的日常管理更加规范有效。

本书特色

1. 内容实用、详略得当，符合学习者的认知规律

本书内容涵盖采购的各个方面，重点解读采购细分领域内的实战性操作，以模块化的学习方式，全面讲授有关采购的技巧与知识。全书以"原理＋方法"的思想搭建内容架构，兼具理论和实操指导，特别注重知识的实用性和可操作性。

2. 行文幽默诙谐，以实例引导全程，特别适合初学者阅读

本书介绍的采购各个版块的内容，绝大部分按照实际案例或理论讲解的思路进行引导，避免了学习不同章节不同实例间的知识断层，注重实例场景的沉浸式解读，且保证内容的连贯统一性。

3. 衔接到位，有利于读者学以致用

本书在解读过程中，常常借用实际的采购应用案例，包括经典案例和日常生活情景，运用实战性的思维建立框架知识体系，使读者在阅读过程中不知不觉触发联想思维，读得懂，学得会，用得上，真正实现学以致用。

本书读者对象

- 采购从业者
- 高等院校采购与供应链专业大学生
- 对采购行业感兴趣的普通读者
- 想要提升业绩的采购管理者

第 3 章 供应商管理：找准后援团，实现准时化采购 / 38

第 4 章 采购成本控制：实现利润最大化和运营低成本 / 55

第 5 章　**采购谈判技巧：争取最大限度地降低采购成本 / 85**

第 8 章　采购仓储管理：保证物料存放安全便捷　/ 170

第 9 章　库存盘点管理：维护库存记录的准确性　/ 188

第 10 章　库存成本控制：以最少存货获取最大利润　/ 201

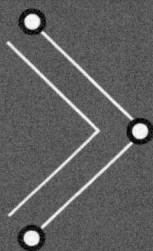

采购模式：不同采购模式的不同策略

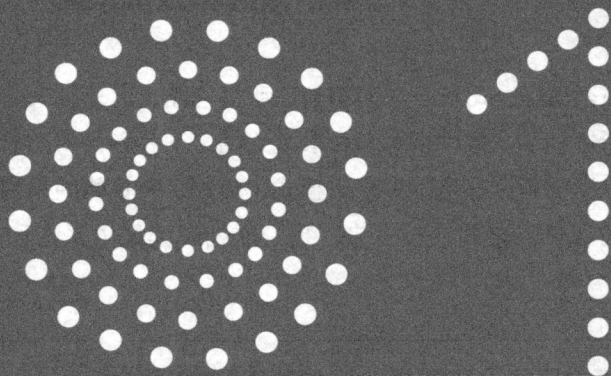

01

采购模式是采购方开始采购活动前需要确定的重要战略性问题，即采用哪种方式进行采购，各种采购模式分别有哪些特点和优势。总之，对于不同采购模式需采用不同的策略，采购方应慎重选择。本章就以采购模式为主题，详细介绍 5 种采购模式，让你对采购有初步了解，也有利于之后的采购学习之旅。

1.1　集中采购和分散采购

集中采购指公司统一采购各部门所需物品，而分散采购则是各部门独立采购各自所需物品。集中采购与分散采购的区别和各自特点非常明显，作为采购人员，应当准确区分这两种采购模式，当然，在具体的采购活动中，采购模式之间也可以交叉使用。接下来，我们详细解读集中采购和分散采购的区别和意义。

1.1.1　集中采购：公司统一采购各部门所需物品

集中采购即公司组建采购部门，统一采购各部门所需物品，它的优劣势如表 1-1 所示。

表 1-1 集中采购的优劣势比较

优势	劣势
易于降低成本，巩固与供应商之间的关系，获得供应商各方面更好的支持与合作； 对采购决策的控制较为集中，降低管理与劳动方面的重复性，提高工作效率，易于采购的物料达到标准化； 很少发生因内部部门竞争使供应商提高价格的情况	采购业务流程偏长，导致紧急性、区域性及小量采购业务的效率偏低； 市场变化节奏快，对价格控制及对供应商的择优存在一定滞后性； 采购业务与需求部门分离，规格、运送等方面的细节变化处理不及时

集中采购适用的主体需符合如下情况之一：

（1）产品种类共性较多；

（2）公司各部门的地理位置比较集中；

（3）采购部门与需求部门虽有距离，但交通便利。

集中采购适用的客体主要有以下 4 种：

（1）大批量或总价高的物品；

（2）保密度高、产权约束大的物品；

（3）市场资源不稳定、容易出问题的物品；

（4）定期采购的物品。

小提示：集中采购以公司统一采购各部门所需物品为主要特征，同时，集中采购的适用主体和客体也有自己的特色，采购方应综合考虑上述情况，看是否需要集中采购的模式。

1.1.2 分散采购：各部门独立采购各自所需物品

公司各部门为满足各自不同需要而独立采购各自所需物品，这种采购模式就是分散采购，它的优劣势如表 1-2 所示。

表 1-2 分散采购的优劣势比较

优势	劣势
对需求的部门直接负责； 较少需要内部协调； 与供应商直接沟通； 对市场环境变化的适应性高	各部门采购量有限，综合来看所得价格优惠较少； 容易出现人力浪费和交叉采购的情况； 市场调查比较分散； 不同部门的采购条件可能有较大差异

分散采购适用的主体需符合如下情况之一：

（1）需求部门与总部距离较远、交通不便或运输费用较高；

（2）公司的生产机构有多个，且产品种类的共性不多。

分散采购适用的客体主要有以下 4 种：

（1）小批量或总价低的物品；

（2）货源质量有保证、运输费用低的物品；

（3）各需求部门有采购与检测能力的物品；

（4）临时需求的、非定期采购的物品。

位于湖北省武汉市的某健身俱乐部近几年发展迅速，仅 2013—2016 年，就从 6 家连锁健身中心发展到 12 家，不过在效益扩大的同时，公司遇到了一个棘手的问题。

公司一直没有成立专门的采购部门，每一家健身中心各自负责自己的采购业务。由于采购需求多为机器部件、办公用品和卫生用品等日常消耗类物品，且为了节约流动资金，大多数的健身中心不保持库存，而是随需随买，因此在连锁健身中心发展到 12 家时，这种分散采购的模式就显现出一些弊端。例如，因各分部采购量有限，综合来看所得价格优惠较少；不同部门的采购条件有一定差异，容易造成浪费。

公司高层经过商议，决定成立一个采购部门，采用集中采购的方法，为公司节约采购成本。采购人员制订集中采购模式的计划方案，要求各健身中心在每周五下午 4 点之前，把下周的采购需求发送到总部，下周一各健身中心需要的物品将统一送达。

两个月后，公司上下才适应这个集中采购方案，在计划施行半年后，公司上下都认为这个计划有效节约了成本、减少了浪费。

集中采购与分散采购各有利弊，采购方应全面分析自己的情况，在单一采购模式不能满足需要时，要找到一个集中采购与分散采购的优势变化曲线，并时刻掌握它的动向。

> **小提示：** 集中采购侧重于统一与标准化的采购流程，而分散采购则是各部门之间相互独立进行的采购活动。集中采购与分散采购是采购的两种模式，公司可以有针对性地使用，而不是拘泥于某一特定的采购模式。

1.2　询价采购

同时向 3 个以上的供应商发出询价，对其报价进行比较以最终确定合格供应商的采购方式就是询价采购。询价采购是根据报价选定供应商的，所以供应商的数量要有可参考性，一般引入 3 家以上的供应商。当然，询价采购也有自身的特点以及工作流程，采购人员应根据询价采购的规定开展采购活动。

1.2.1　询价采购：根据报价选定供应商

询价采购指采购者同时向多个目标供应商发出询价通知书，之后根据各个供应商的报价情况选定合作供应商的采购模式。适用于对合同价值较低且价格弹性不大的标准化货物或服务的采购。

询价采购的特点：邀请性采购；在进行充分的市场调查后，选出部分目标供应商，目标供应商不少于 3 个；采购过程比较简单、工作量小；供应商只能提供一个不得更改的报价；在符合采购需求的前提下，采购者选择报价最低的供应商。

> **小提示**：询价采购适用于货物规格、标准统一或采购合同价值较低、价格弹性不大的采购。询价采购的关键点在于找出符合条件的若干个供应商，择优选取。

1.2.2 询价采购必不可少的程序

询价采购包括如下程序。

（1）成立询价小组。询价小组由采购方代表和有关专家共 3 人以上（人数需为单数）组成，其中专家应占总人数的 2/3 以上。询价小组需对各供应商提供的报价进行评估，对采购项目的评定成交的标准做出规定。

（2）确定询价名单。询价小组根据采购需求，从满足同一资格条件的供应商名单中选出不少于 3 家供应商。

（3）询价。向选定的供应商发出询价通知书让其报价，要求供应商一次报出不得更改的价格。

（4）确定成交供应商。在符合采购需求的前提下，采购者选择报价最低的供应商，并将结果通知所有被询价的供应商。

> **小提示**：询价采购有符合自身特点的采购流程，无论是采购方还是供应商，在供应商数目、采购报价、询价名单等方面，都应按照既定的采购流程办事。

1.3 即时采购

即时采购强调在恰当时间采购恰当物品，是 20 世纪 90 年代受即时化生产（JIT 生产）管理思想的启发而出现的一种采购模式。即时采购最突出的优势就是将时间与货物尽可能协调，减少中间可能出现差错的环节，最终提高采购效率。

1.3.1 即时采购：在恰当时间采购恰当物品

即时采购的基本思想：在恰当的时间、地点，以恰当的数量、质量供应恰当的物品。

即时采购（JIT 采购）是在 20 世纪 90 年代受即时化生产（JIT 生产）管理思想的启发而出现的。

在 1973 年爆发的世界经济危机中，日本某汽车公司首次使用即时化生产方式并使其渡过了难关，所以即时化生产方式受到了世界各国的广泛关注，并逐渐引起了欧洲和美国企业的重视。近年来，JIT 模式不仅作为一种生产方式，也作为一种采购模式开始流行起来。其实该汽车公司的管理者是在美国参观超级市场之后，借鉴超级市场的供应方式开创了即时化生产方式，超级市场模式也是一种即时采购模式。即时采购模式以用户需求为主，满足用户需要的物品及其数量、质量、时间、地点即可。

即时采购有以下几大特点。

（1）选用较少的供应商。传统采购模式一般选用较多供应商，因为传统采购模式中的供需关系大多是短期合作，稳定性低，为了获得极佳性价比的物资，采购方需要盯住供应市场，做好更换供应商的准备。而即时采购模式需要供需双方形成长期稳定的合作关系，只有这样，供应物资的质量与准时性才能得到保障，并且在长期稳定的关系中，供需双方的默契指数也会逐渐上升，有利于降低整体成本，易于达成双赢局面。

即时采购模式中，理想的情况是单源供应，即一种物资对接一个供应商，这有利于对供应商的管理，也有利于提高双方合作密切度。但是实际情况中会遇到一些难以避免的意外，如天气、交通、人员、运输工具等方面，所以在即时采购模式中，采用两个供应商的情况较多——一个为主，一个为辅。

（2）小批量采购。即时采购模式的明显特点是"准时性"和"零库存"，这意味着必须采用小批量采购的策略，但小批量也意味着增加了整体运输成本，这就要求双方综合考虑实际情况，共同协商最优的解决方式。

一般来说，解决办法有 3 种：使供应商在地理位置上靠近采购方；或在附近建立临时仓库；或由第三方物流企业按协定方案负责送货，加大供应商的产品供应能力。

（3）选择供应商的标准高。一种物品的供应商只有1~2家，而且要与其发展成为长期稳定的合作伙伴，这就要求采购方按照一定标准选择供应商，如质量、价格、交货时间等。

很多时候，其他标准下的供应商，价格也比较合理，即使价格偏高，但双方在形成稳定的合作关系后，采购方也可以与供应方共同研究如何降低成本。另外在双方形成长期稳定的合作关系后，很多工作可以简化，从而降低整体成本。

（4）信息高度共享。即时采购模式对供需双方的要求都很高，为了追求准时性和零库存，双方有必要随时掌握对方的相关信息，以提高整体的应变能力。

> **小提示**：零库存只是一种理想情况，即时采购模式是为了接近这种极限，供需双方的"整体作战水平（对数量、质量、准时性等方面的控制）"决定了可以多大限度地接近这种极限，而提高整体作战水平的一个重要因素就是实现信息共享。

1.3.2　即时采购可能会带来哪些问题

即时采购模式属于一种高端采购模式，对供需双方的要求都比较高，如果双方形成牢靠的战略伙伴关系，即时采购的优势会很明显，但其中也有一些必须面对的问题。

首先，我们来了解一下即时采购与传统采购的区别，如表1-3所示。

表1-3　即时采购与传统采购的区别

	即时采购	传统采购
供应商数量	较少	较多
交货即时性	即时	无要求
选择供应商的主要标准	产品质量、交货期、价格	产品质量、价格

续表

	即时采购	传统采购
信息交流的需求	高度共享	信息交流少
制订采购批量的策略	小批量	大批量

通常情况下，供应商数量少就意味着在供应需求方面的抗风险能力较低，因此即时采购模式选用 1 ~ 2 个供应商的做法也是一种取舍。但为了顺利获得即时采购带来的效果，我们必须找到与自己"两情相悦"的供应商，并建立长期稳定的合作关系，如果没有这样的意识还要运用即时采购模式，就相当于把自己的未来交给了一个不可靠的人。所以为了解决供应商数量减少带来的问题，我们只能尽最大努力与"最好"的供应商保持长期合作。

此外，小批量采购带来的问题也比较明显，即增加了运输成本。这不是供应商一方要解决的问题，而应由供需双方共同解决，否则很容易延误双方的合作进度，影响合作关系。

上述几种方法涉及不少细节，在实际运用时必须由供需双方全面、细致地分析，得出一个最优方案。

2015—2016 年，浙江某石化公司在采购模式上不断进行优化，对零库存的持续追求促使其设法逐步降低采购成本。

过去该公司为保障生产需要，采购和库存的量都比较大，占用的流动资金比较多，承担的市场风险也比较大。为了改善这种情况，该公司从众多供应商中优选出两家，让它们把部分原材料和包装材料直接运送到生产现场；同时为了保持供应稳定，该公司还邀请供应商参与到生产计划中，互相交流信息，根据市场需求的变化及时调整物资的供应计划。

该公司通过不断地分析和调整采购方案，逐步减少库存量，降低采购成本和库存成本，2016 年减少流动资金占用 1 亿元。

该公司实现即时采购降低成本的关键在于优选供应商，与供应商建立长期稳定的合作关系。在这一点上，该公司的策略为：淘汰低质供应商，只留两家优质供应商，同时加大单个供应商的采购量，这有益于双方形成长期稳定的合作关系；加大信息交流，让供应商深入了解公司的生产需求，参与到公司的生产计划中，使双方形成利益共同体，降低整体的成本。

> **小提示**：即时采购模式的效果明显，要求也高，我们需要根据实际情况不断优化自己的方案。同时还要注意即时采购可能带来的问题，做出应急预警方案，一旦出现问题，可以及时补救。

1.4 招标采购

招标采购指采购方公开采购需求，按照一定的标准，在投标的多个供应方中做出最终选择的采购模式，招标采购需要坚持公开、公平、公正的原则。具体来说，招标采购可分为公开招标、邀请招标以及议价招标，其中，前两种采购模式比较常见。这3种采购模式各有优势和特点，采购方应针对具体的采购情况选择合适的采购模式。

1.4.1 公开招标：发布招标公告进行招标

招标人发布面向全社会的招标公告，感兴趣的企业都可以参加投标竞争，招标人从中择优确定中标人，这种采购方式就是公开招标，也称为竞争性招标。

公开招标的基本程序包括招标、投标、开标、评标、决标、签订合同。

招标：根据采购需求，编制招标文件（招标文件是招标人向潜在投标人发出的邀请文件，包括项目需求、招标投标活动规则和合同条件等信息，是项目招标投标活动的主要依据，对招标投标活动各方均具有法律约束力），发布招标公告。

投标：感兴趣的供应方根据招标要求填写招标文件，并将其投送给采购方。

开标：指采购方在预先规定的时间和地点将投标人的投标文件正式开启的

行为。

评标：采购方根据既定的评标标准，对所有的投标文件进行审查和评比，从中选出极佳投标人。在整个招标过程中，评标是非常重要的行为，它决定了招标的公开、公平、公正的程度，招标人应按照公开、公平、公正的原则，对投标进行综合评价和分析。

决标：指在评标之后择优选定中标人的行为。

签订合同：双方确认标书内容，根据招标规定，签订书面合同。

2017年2月，河北省保定市某商业大厦为更好地满足商务需求，决定为多个会议室安装LED屏，经过一番市场调查和分析，决定采用公开招标的采购方式，预算为200万元。采购方对高端LED屏领域并不熟悉，发出招标公告后，很多供应厂家前来投标，众多厂家相互竞争，给予了采购方诸多选择。

采购方严格按照公开招标采购的流程进行，经过投标、开标、评标、决标等一系列程序，最终在满足质量与服务要求的多个厂家中，选择了成交价为160万元的厂家。由于项目本身不是很复杂，招标过程比较快，从招标到整个项目完成只用了不到一个月的时间，与普通采购方式相比也没有增加时间成本。

小提示：类似这种采购项目，该采购方第一次采用公开招标的采购方式，结果不仅在不熟悉的领域节省了资金，也对公开招标采购有了新的认识，在之后的采购项目中有更广泛的选择。

1.4.2 邀请招标：选择一定数目企业参加投标

邀请招标也称为有限竞争性招标或选择性招标，由招标人选择一定数目的供应商，向它们发出招标邀请，应邀的供应商参与投标竞争，最终由招标人选出中标人。

邀请招标与公开招标的主要流程是相同的，不同的是两者的招标范围：公开招标是面向全社会的，而邀请招标限于选定范围。不难看出，公开招标比邀请招标更能体现公开、公平、公正的原则，在竞争的广泛性上有较大的优势，对招标人的益处比较明显。而邀请招标具有一定程度的灵活性：邀请招标只向特定的 3 个以上的潜在投标人发出邀请，接受邀请的供应商才能参加投标；邀请招标的工作量相对较小，耗时较短，所需成本较低。

因为公开投标的参与供应商较多，工作量较大，所需成本也比较高，所以对于规模较小的采购项目，不宜采用公开招标；对于某些特殊的项目，因符合条件的潜在投标人较少，或者采购时间比较少，应该采用邀请招标的方式。

采用邀请招标的前提是对市场供给情况和供应商的情况都比较了解，否则容易在前期选定潜在投标人时就出现差错，如表 1-4 所示。

表 1-4　公开招标与邀请招标的优缺点对比

	公开招标	邀请招标
优点	竞争性大，选择性高，有利于选出最合适的供应商	工作量小，耗时较短，成本较低
缺点	工作量大，耗时较长，成本较高	竞争性小，选择性低，不利于选出最合适的供应商

河北某公司计划为新办公楼安装空调，经商议决定用邀请招标的方式进行采购。空调的需求总数为 120 台，其中挂壁式 86 台，立柜式 34 台，总预算为 80 万元。

2016 年 3 月 22 日，由公司采购部、财务部，与外邀的质检专家共同组成招标工作小组，向 5 家供应商发出邀请。截至 3 月 27 日 11：00，共收到投标标书 3 份，同日 14：00 在公司会议室举行开标大会。之后经过 5 天时间对投标文件内容细节予以确认，4 月 3 日，工作小组开始评标。通过对各供应商提供的空调进行质量、性能、价格、服务等方面的综合比较，于 4 月 4 日确定了中标供应商。

经公司确认后，于 4 月 6 日向中标供应商发出中标通知书，双方签订合同。

由于空调是价格比较透明、市场需求量大的物品，所以此次采购任务并不复杂，为节约时间与资金，此次采购更适合采用邀请招标的方式。从结果看，公司也较为容易地完成了这次采购活动，没有造成时间或资金的浪费。但在选择潜在投标人的工作方面有些不足，5 家招标对象只有 3 家参与投标，令此次招标的竞争性较低，公司降低成本的机会也随之减少。

> **小提示**：邀请招标是以邀请的形式与合适的供应商开展合作，即选择一定数目的企业参加投标，最终选择符合条件的供应商。

1.4.3 议价招标：直接要求某一供应商单独协商

议价招标也叫非竞争性招标或指定性招标，指招标方直接要求某一供应商单独协商，也是合同谈判的一种方式。议价招标的优势在于耗时短、效率高，适合工程造价低、时间紧、规模小、专业性强或保密性高的招标采购项目；其局限性在于很难获得有竞争力的报价。

目前，在国内主要采用的招标方式是公开招标和邀请招标，只有在特殊情况下，才考虑议价招标。而在国际招标界，议价招标已有一定的市场采用率。

议价招标主要包括4个步骤，具体如下：

（1）招标委员会确定议标日程；

（2）招标人与投标人进行议标，参加议标人员为专业人员，覆盖技术、法律或经济等领域，双方就标书中的具体内容进行议标；

（3）议标的结论用完善、准确的措词以书面形式记载，最终纳入合同文件，双方应各由一名高级代表审阅议标所形成的文件，并在文件的每一页上签字；

（4）如果议标时间过长，超出了投标有效期，招标人则会要求有效候选人延长投标保函的有效期，如果投标人拒绝，则其标书失效。

1.5 电子商务采购

电子商务采购是在互联网环境进行并完成的采购活动，电子商务的特点加之采购的特性，使得电子商务采购相对传统采购形式有了诸多优势，采购人员要充分运用这种有利条件。同时，电子商务采购活动与传统的采购也有一定的区别，采购人员需要准确界定。

几个常用的电子商务采购网站：阿里巴巴1688大企业采购平台、中国招标网、中国采招网。电子商务采购有诸多传统采购所达不到的优势，例如，项目齐全，采购过程全程监控、有很高的透明度，省时省力，货源更新快，信息全面等。

1.5.1 电子商务采购：在网络支持下完成采购

简单来说，电子商务就是利用互联网进行的商务活动。电子商务带来的变革有很多，采购模式的变革也在其中。电子商务采购模式可以降低采购成本和库存量，减少采购员和供应商数量，加快资金流转速度。

电子商务采购其实和普通网购是类似的：寻找需求品，对比、筛选，有的需要谈价或者竞价，选定商品后线下付款或线上付款，甚至网上支付贷款，最后通过指定的物流方式配送货物，完成交易。

电子商务采购模式的迅猛发展，已不同程度地影响了国内许多企业。

福建某服装公司在2015年时的采购方法仍比较"耿直"——填单子、批单子、投单子、取单子。当公司管理层研究如何减少运营成本的时候，逐渐发现一个问题：各项运营开支中，采购这块遥遥领先。

公司管理层开始调查分析"我的采购怎么了"。

经过调查分析，发现了很多问题——采购的主体不明、采购的物料重复、采购流程设计不合理、采购合同权责不清，这一摊都可以用五花八门来形容。由此导致的问题也是又多又严重：

（1）在采购方面对外没有统一的业务流程；

（2）区域限制程度大，合作供应商的优质指数达不到理想指标；

（3）质量管理方面的标准过低，导致采购物资的质量有高有低；

（4）采购的规范不统一，采购流程混乱，导致综合采购价格高，管理成本高；

（5）普遍出现重复采购现象。

面对诸多问题，该公司大刀阔斧地进行了改革，并决定把电子商务采购作为主要采购模式。

电子商务采购模式实施起来并不复杂，只是在一些细节方面有点麻烦，比如同一物品有很多种规格，每一种规格在不同地区的叫法不尽相同，这种问题在区域性传统采购中几乎没有，不过对一个下决心改革的企业来说只是多耗费点时间、精力罢了。

不出意外，公司采购改革很成功，并且效果立竿见影。2016 年第 3 季度，该公司通过电子商务采购降低了近千万元的成本，基于电子商务采购，公司优化了采购业务，订单处理速度大大加快，供应商质量也大大提高，员工满意度也有所增长。

该公司基于电子商务采购的改革取得成功后，对公司的影响是深远的：采购部员工整体成本降低，人员的配备更趋精细和专业，负责谈判、供应商管理的采购人员渐渐增多，采购执行也逐渐电子化、高效化。

该公司经过电子商务采购的改革，提高了订单处理速度，节约了人力、物力，降低了采购成本，整体采购业务的规范性和统一性都有大幅提高。

> **小提示：** 电子商务采购作为信息时代独有的采购模式，已得到国内外各种企业不同程度的运用，并且仍在加速发展中，未来还会有更新更好的应用模式。电子商务采购已成为每一个采购人必须熟悉的业务模式。

1.5.2　电子商务采购与传统采购的区别

电子商务采购的特殊性使商业交易逐渐趋于无缝式，这在传统采购模式中几乎是不可能的，因为传统采购模式存在一些难以避免的问题：

（1）供需双方信息交流不够及时，信息共享性低，供应方产品质量、交货期等方面不够明朗，甚至为各自利益封锁消息，竞争大于合作，整体利益不高，有可能会导致双输；

（2）市场变化越来越快，面对"变幻莫测"的用户需求应接不暇，整体节奏较慢，不够灵活；

（3）人为因素的影响不可忽视，个人利益容易导致采购流程进入"非标准化"；

（4）各部门之间的联系容易脱节，可能造成库存积压，额外占用流动资金。

位于沈阳的某生产企业在管理上比较松散，子公司几乎处于独立状态，可以做任何它们认为正确的事情，这种做法使得企业得以迅速发展。不过近几年来，它的发展速度有所减慢。

这家企业经过调查发现，各公司采购的物品和服务的价格普遍比较高，因为采购行为过于随便，缺少规范性和统一性。经过讨论研究，该企业决定建立自己的电子商务采购系统，使大大小小的采购业务都趋于无纸化，执行统一的标准和规范，优选出一定数量的供应商。

该计划全面实行后，效果比预计的还要好，除了多方面的成本得以降低之外，人力、物力和时间也大大节约，与供应商之间的关系也更为紧密。

该公司用符合时代趋势的采购模式拯救了自己的采购业务，是这个时代采购领域中的典型。当今社会发展迅速，商务采购领域也是日新月异，我们必须及时调整自己的思维和姿态，才能在风口浪尖上找准方向，稳步前行。

下面我们来看看电子商务采购有哪些优势。

（1）扩大采购范围，降低采购成本，提高采购效率。随着世界经济与科技的飞速发展，采购范围已经接近全球化，企业要降低成本的一种必然选择就是扩大采购范围，实现全球化采购，而电子商务采购模式就是为此而生的。

由于电子商务采购的范围是不受限制的，它比传统采购模式更易于进行供应商之间的对比，节省了人力资源，降低了采购成本，且网络信息共享比传统信息交流更省时省力，不仅大幅提高了采购效率，还能节省纸张，节约成本。

（2）电子商务采购比传统采购更为公开、公平、公正。由于采购信息和采购流程在网络上是公开的，依据设定的标准选择合作供应商，避免了某些个人因素的干扰，使采购业务更公开、公平、公正。

（3）更有利于采购流程的标准化。传统采购业务中，因人而异的成分比较大，行为上的有意或无意的"非标准化"很难避免，而电子商务采购是按照规定的标准流程进行的，人为影响几乎为零，这无疑更有利于采购流程的标准化，能建立良好的市场环境。

（4）使采购业务更为灵活，满足不断变化的市场需求。由于市场需求的变化越来越快，企业针对市场变化的反应能力必须持续提高，这就要求企业在各个方面都要加快节奏，比如具体的用户需求处理、订单信息管理、生产计划等，相应的采购业务也要进入灵活模式，缩短采购周期，提高库存周转率，把主要关注点从库存转移到订单。

（5）有利于信息交流，使采购管理科学化，提高信息的及时性、准确性、丰富性，实现由采购管理向供应链管理的转变。在当今市场环境中，供需双方必须建立起稳定互利、高度共享的合作关系，因为当今的市场竞争不只是单个企业之间的竞争，还是各供应链之间的竞争。

> **小提示**：在电子商务采购模式中，采购方可以及时将新的需求与计划提供给供应方，使供应方及时按要求提供产品与服务，从而降低整个供应链的成本，实现供需双方的双赢。

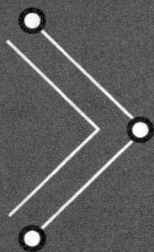

第 2 章

采购财务知识：让采购
变得专业化、规范化

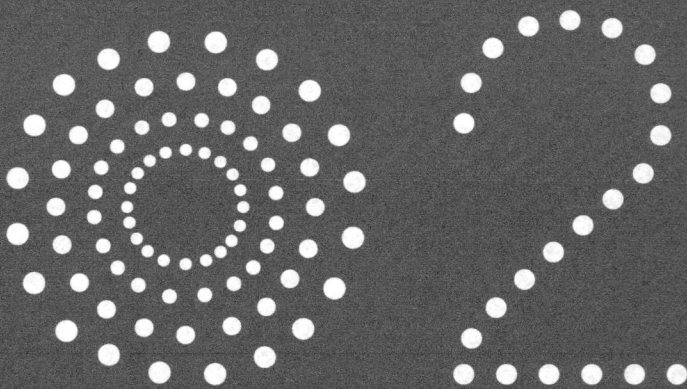

采购活动离不开财务，采购人员也要了解相关的财务知识，让采购变得专业化、规范化。其中，会计、税务、发票，贯穿采购活动的整个过程和重要环节，采购人员必须有所了解，包括票据知识、货款结算方式、增值税、进项税金，以及发票类型和开票注意事项等。本章以采购的财务知识为核心，详细解读与采购相关的财务专业知识。

2.1　采购必知的会计知识

采购必知的会计知识主要包括票据知识、货款结算方式、应付账款核算以及填写报账凭证等，本节围绕这4个问题，详细阐述在采购活动中会涉及的会计知识，包括专业定义、操作技巧、注意事项等。

2.1.1　采购必知的票据知识

作为采购人员，在工作中必然要和各种各样的票据打交道，所以，采购人员必须要了解一些基础的票据知识。

案例一：
云海市某进口公司指派采购员刘静采购棉线，签发支票一张，告知其采购金额最多只能填写 40 万元, 否则将超出公司在银行的存款额。支票的用途栏应写明 "采购棉线"。

由案例一可以看出票据指的是出票人依法签发的由自己或指示他人无条件支付一定金额给收款人或持票人的有价证券, 即某些可以代替现金流通的有价证券。

广义的票据泛指各种有价证券和凭证, 如债券、股票、提单、国库券、发票等。而狭义的票据则仅指以支付金钱为目的的有价证券, 即出票人根据《中华人民共和国票据法》签发的, 由自己无条件支付确定金额或委托他人无条件支付确定金额给收款人或持票人的有价证券。

在我国, 票据是汇票 (银行汇票和商业汇票)、支票及本票 (银行本票) 的统称, 具体来说, 票据包括汇票、本票、支票、提单、存单、股票、债券等。

一般来讲, 票据具有信用、支付、汇兑和结算等职能, 其特点是以支付一定金额为目的, 票据本身所表示的权利与票据不可分离, 其金额由出票人自行支付或委托他人支付, 是一种可转让的证券。

案例二:

A 公司与 B 公司签订了一份建造合同, 约定 B 公司在半年内建造 A 公司的新厂房, A 公司应向 B 公司支付建设款 2 000 万元, 因此 A 公司给了 B 公司一张 900 万元的支票和一张 1 100 万元的商业承兑汇票。之后 B 公司又将 900 万元的支票转让给 C 公司抵押欠款。

由案例二可以看出, 采购人员与供应商之间的票据发生、变更或终止票据关系等行为均属于票据行为, 票据行为指在票据关系当事人之间进行的行为, 包括出票、背书、承兑和保证这 4 种。

出票, 也叫发票, 指的是出票人签发票据并将其交付给收款人的票据行为。出票包括两个行为: 一是出票人依照《中华人民共和国票据法》的规定作成票据, 即在原始票据上记载法定事项并签章; 二是交付票据, 即将作成的票据交付给他人占有。这两者缺一不可。

背书指的是收款人或持票人为将票据权利转让给他人或者将一定的票据权利授予他人行使，而在票据背面或者粘单上记载有关事项并签章的行为。

承兑是指汇票付款人承诺在汇票到期日支付汇票金额并签章的行为。

保证是指票据债务人以外的人，为担保特定债务人履行票据债务而在票据上记载有关事项并签章的行为。

> **小提示**：采购人员应当按照国家规定的票据知识和业务处理流程来开展采购活动，向供应商索要发票，并且及时上报财务部门，掌握一些必知的票据知识也是采购人员的业务能力之一。

2.1.2　采购货款结算方式有哪些

结算是指对因商品交易、劳务供应、资金调拨等经济往来引起的货币收付关系进行清偿的办法。在中国，根据不同经济往来的特点、形式及需要，结算分为转账结算和现金结算两种方式。

结算方式则是指"用一定的形式和条件来实现各单位（或个人）之间货币收付的程序和方法。结算方式是办理结算业务的具体组织形式，是结算制度的重要组成部分"。

根据以上解释，可以看出结算以及结算方式是经济往来双方或多方处理钱与货问题中的重要环节，同样也是采购人员需要面对的问题，所以，采购人员必须了解一些有关货款结算的知识。

结算方式的内容主要包括商品交易货款支付的地点、时间和条件，商品所有权转移的条件，结算凭证及其传递的程序和方法等。在我国，现行的主要结算方式有 7 种，分别是银行汇票、商业汇票、银行本票、支票、汇兑、委托收款、异地托收承付等。接下来，我们先简单了解一下这 7 种结算方式，如图 2-1 所示。

1	银行汇票
2	商业汇票
3	银行本票
4	支票
5	汇兑
6	委托收款
7	异地托收承付

图 2-1 结算方式

1．银行汇票

银行汇票是指由出票银行签发的，由其在见票时按照实际结算金额无条件付给收款人或者持票人的票据，其出票银行为经中国人民银行批准办理银行汇票的银行。银行汇票多用于办理异地转账结算和支取现金。银行汇票的特点是使用灵活、票随人到、兑现性强、信用度高、结算准确，适用于先收款后发货或钱货两清的商品交易。

2．商业汇票

商业汇票是由出票人签发的，委托付款人在指定日期无条件支付确定的金额给收款人或者持票人的票据。商业汇票分为商业承兑汇票和银行承兑汇票，其中，商业承兑汇票由银行以外的付款人承兑（付款人为承兑人），而银行承兑汇票则由银行承兑。商业汇票一般有 3 个当事人，即出票人、收款人和付款人。

3．银行本票

银行本票是指由银行签发，承诺自己在见票时无条件支付确定的金额给收款人或者持票人的票据。银行本票分为不定额本票和定额本票两种，其提示付款期限自出票日起最长不得超过 2 个月。

4．支票

支票是以银行为付款人的即期汇票，可以看作汇票的特例。支票出票人签发的支票金额，不得超出其在付款人处的存款金额。如果存款低于支票金额，银行将拒付给持票人，这种支票称为空头支票，出票人要负相关法律责任。

支票可分为现金支票、转账支票、普通支票。支票一经背书即可流通转让，具有通货作用，成为替代货币，发挥流通手段和支付手段职能的信用流通工具。

5．汇兑

汇兑又称汇兑结算，是指企业（汇款人）委托银行将其款项支付给收款人的结算方式。单位和个人的各种款项的结算，均可使用汇兑结算方式，其优点是适用范围广，便于异地付款结算。汇款人可自行选择信汇和电汇两种结算方式，无金额起点限制。

6．委托收款

委托收款是指收款人委托银行向付款人收取款项的结算方式。委托收款可分为邮寄和电报划回两种，前者是以邮寄方式由收款人开户银行向付款人开户银行转送委托收款凭证、提供收款依据的方式，后者则是以电报方式进行结算。邮寄划回和电报划回凭证均一式五联。

7．异地托收承付

异地托收承付是指根据购销合同由收款人发货后委托银行向异地付款人收取款项，由付款人向银行承认付款的结算方式。异地托收承付也可简称为托收承付，其每笔结算金额起点为 1 万元。

接下来，我们根据不同的条件，对结算方式进行简单分类。

根据结算形式，结算方式可以分为票据结算和支付结算。

1．票据结算

票据结算是支付结算的重要内容。票据，是指根据《中华人民共和国票据法》规定由出票人依法签发的、约定自己或者委托付款人在见票时或指定的日期向收款人或持票人无条件支付一定金额并可转让的有价证券。

票据结算方式包括银行本票和支票结算方式、银行汇票结算方式、商业汇票结算方式以及委托收款结算方式、托收承付结算方式、国际结算的基本方式。一般来讲，票据具有信用、支付、汇兑和结算等职能。

2．支付结算

广义的支付结算包括现金结算和银行转账结算，狭义的支付结算则是指单位、个人在社会经济活动中使用各种结算方式进行货币给付及其资金清算的行为，包括支票、银行本票、商业汇票、托收承付、委托收款、银行卡和汇兑等。

根据结算地点，结算方式又可以分为3大类：同城结算方式、异地结算方式和通用结算方式。

1. 同城结算方式

同城结算方式是指在同一城市范围内各单位或个人之间的经济往来通过银行办理款项划转的结算方式，具体包括支票结算和银行本票。

2. 异地结算方式

异地结算方式是指不同城镇、不同地区的单位或个人之间的经济往来通过银行办理款项划转的结算方式，具体包括银行汇票、汇兑结算和异地托收承付结算。

3. 通用结算方式

通用结算方式是指既适用于同一城市范围内的结算，又适用于不同城镇、不同地区的结算，具体包括商业汇票和委托收款，其中商业汇票结算方式又可分为商业承兑汇票和银行承兑汇票。

河南郑州某商贸公司主营工艺品销售，与供应商合作期间主要采用现金采购的货款结算方式，分为先货后款、先款后货两种方式。

比如，先货后款的结算方式指供应商先将货物送到世贸公司指定的基地库房，库管人员在随货单入库后，开具采购入库单，采购人员办理付款申请，然后附采购入库单黄联和供应商提供的增值税专用发票，审批后财务依据单据付款。

而先款后货的方式则是商贸公司采购人员根据订单办理付款申请，货物到仓入库以后，库管人员开具入库单，采购人员再将采购入库单黄联和供应商提供的增值税专用发票交到财务处，附在之前的付款申请后面，同时将剩余款项打入供应商指定银行账户。

小提示： 总体来说，采购活动中可能遇到的货款结算方式非常多，采购人员需要仔细辨别，并且和公司财务会计及时沟通，避免出现不必要的麻烦。

2.1.3　如何进行应付账款核算

应付账款是指企业因购买物料、商品和接受劳务供应等而应付给供应单位的款项，主要对应企业的经营活动的应付款。应付赔偿金、应付租金、存入保证金等非经营活动应付未付款不属于应付账款核算的内容。

应付账款通常是指因购买材料、商品或接受劳务供应等而发生的债务，是买卖双方在购销活动中由于取得物资与支付贷款在时间上不一致而产生的负债。

在账款登记方面，应付账款的贷方应登记企业应付但未付的款项，借方登记应偿还的应付账款、以商业汇票抵付的应付账款，期末贷方余额表示尚未支付的应付款项。

应付账款核算方面，企业在购买物资或劳务时，如果形成的应付账款附有现金折扣，应付账款应按照发票上记载的扣除折扣前的应付款总额入账。因在折扣期间内付款而获得的现金折扣，冲减财务费用。

企业应设置"应付账款"科目，核算应收账款的发生和偿还、抵付或转销等情况，转销无法支付的应付账款，应计入资本公积。

对于其他应付款项，企业应该设置"其他应付款"科目进行核算，并按应付、暂收款项的类别和单位或个人设置明细科目。比如，未付律师顾问费计入应付账款的其他应付款项。

2.1.4　如何填写报账凭证

如何填写报账凭证呢？我们可以从企业的报账凭证的填写手续中找到正确答案。

北京某企业对采购人员填写报账凭证的步骤和细节做出了详细规定，具体如下所示。

首先，准备好空白的报销单以及需要报销的有效发票。

其次，填写报销单。各项费用数据需要填写完整，包括部门、日期、内容、金额、合计数、附件张数、报销人及审批人员的签字，要注意金额处不能留有空格，金额要精确到小数点后两位，大小写应准确无误。在财务部门如有借款情况需特别注明。如果需要填写凭证字号，也应填写完整。

最后，粘贴原始凭证。将原始凭证粘贴到报销单后面。在粘贴操作方面，也要注意一些细节。粘贴的总体要求是整齐、牢固、美观，无撕裂、损坏现象。统一用胶水粘贴，不可用装订机直接装订。

那如何让报账凭证与报销单看起来更加美观呢？技巧是将原始票据正面朝上，按照从下至上、从右至左、先大后小、先长后短的顺序均匀排列，横向粘贴，以呈现鱼鳞状排列的效果，最后一张票据对齐票据粘贴单的左边边框。

同时，在填写报销凭证前，采购人员应对各类原始票据进行分类，例如，办公费、招待费、差旅费、住宿费等，应按照类别分别粘贴，把相同经费项目的原始凭证粘贴在一起。如果同类票据大小不一样，按照美观要求，可以在同一张粘贴纸上按照先大后小的顺序粘贴。

2.2　采购必知的税务知识

采购必须知道的税务知识有哪些？主要包括增值税的征收范围、如何计算各类商品的增值、哪些费用能办理抵扣的进项税金以及哪些费用不能办理抵扣的进项税金，了解并掌握这些知识，可以避免在采购活动中出现不必要的损失与麻烦。

2.2.1　了解增值税的征收范围

增值税指的是以商品（含应税劳务）在流转过程中产生的增值额作为计税依据而征收的一种流转税。从计税原理上说，增值税是对商品生产、流通、劳务服务中多个环节的新增价值或商品的附加值征收的一种流转税。增值税实行价外税，也就是由消费者负担，有增值才征税，没增值不征税。

增值税，是对销售货物或者提供加工、修理修配劳务以及进口货物的单位和个人就其实现的增值额征收的一个税种。

增值税的纳税人主要包括在中华人民共和国境内销售货物或者提供加工、修理修配劳务以及进口货物的单位和个人。其类型主要包括生产型增值税、收入型增值税和消费型增值税。那么，增值税的征收范围具体有哪些？

（1）销售货物，是指在中华人民共和国境内有偿转让货物的所有权；

（2）加工、修理修配劳务；

（3）进口货物；

（4）视同销售货物应征收增值税的特殊行为；

（5）从事货物的生产、批发或零售的企业、企业性单位及个体经营者的混合销售行为，视同销售货物，征收增值税；其他单位和个人的混合销售行为，视同销售非应税劳务，不征收增值税，而征收营业税；从事运输业务的单位和个人，发生销售额并负责运输所售货物的混合销售行为，一并征收增值税；

（6）兼营应税劳务与非应税劳务，如果不分别核算或者不能准确核算的，其非应税劳务应与货物或应税劳务一并征收增值税；分别核算的，分别缴纳增值税、营业税。

另外，属于征税范围的其他项目有以下 8 项内容：

（1）货物期货，包括商品期货和贵金属期货；

（2）银行销售金银的业务；

（3）典当业的死当物品销售业务和寄售业代委托人销售寄售物品的业务；

（4）集邮商品，如邮票、明信片、首日封的生产、调拨，以及邮政部门以外的其他单位与个人销售集邮商品；

（5）邮政部门以外的其他单位和个人发行报刊；

（6）单独销售无线寻呼机、移动电话，不提供有关电信劳务服务的；

（7）缝纫业务；

（8）税法规定的其他项目。

2.2.2 如何计算各类商品的增值税

案例：

云山博物馆是增值税小规模纳税人，在 2016 年 8 月举办中国现代书画作品展览时取得如下收入：书画展门票收入 20 万元，场馆纪念品收入 5 万元，书画展讲座收入 5 万元。因此该博物馆 8 月的增值税额应为：（5+5）÷（1+3%）×3%=0.3 万元。

从上面的案例我们可以看出，根据我国相关税法规定，不同的商品，其增值税的计算方式也略有不同。具体来说，增值税的基本税率是 17%，低税率为 13%，出口货物税率为零，但另有规定的除外。

另外，商业企业小规模纳税人的增值税征收率为 4%，其他小规模纳税人的增值税的征收率为 6%。总体来说，增值税的一般纳税人适用的税率有 17%、13%、11%、6%、0% 等多个档次。

（1）适用于 17% 增值税税率的有销售货物或者提供加工、修理修配劳务以及进口货物，或者是提供有形动产租赁服务。

（2）适用于 13% 增值税税率的有粮食、食用植物油，自来水、暖气、冷气、热水、煤气、石油液化气、天然气、沼气、居民用煤炭制品，图书、报纸、杂志、饲料、化肥、农药、农机、农膜，还有农产品、音像制品、电子出版物、二甲醚等商品。

（3）适用于 11% 增值税税率的主要为提供交通运输业的服务。

（4）适用于 6% 增值税税率的有提供现代服务业服务，其中，有形动产租赁服务除外。

小提示：2019 年 11 月 27 日，财政部正式公布了《中华人民共和国增值税法（征求意见稿）》，向社会公开征求意见，这标志着作为我国第一大税种的增值税立法迈出实质性步伐，这也是落实税收法定的关键一步。

2.2.3 哪些费用能办理抵扣进项税金

在回答哪些费用能办理抵扣进项税金前，我们先了解一下进项税额的基本知识。

进项税额指的是纳税人购进货物或应税劳务所支付或者承担的增值税税额。这里所说的购进货物或应税劳务，包括外购（含进口）货物或应税劳务、以物易物换入货物、抵偿债务收入货物、接受投资转入的货物、接受捐赠转入的货物以及在购销货物过程当中支付的运费。在确定进项税额抵扣时，必须按税法规定严格审核。

另外，税额抵扣又叫税额扣除、扣除税额，是指纳税人按照税法规定，在计算缴纳税款时对于以前环节缴纳的税款准予扣除的一种税收优惠。

由于税额抵扣是对已缴纳税款的全部或部分抵扣，因此税额抵扣是一种特殊的免税、减税，因而又称为税额减免。

而抵扣进项税额指的是企业在生产经营过程中，对于购进原辅材料、销售产品发生的税额计算应缴税额时，在销项增值税中应减去的进项增值税额，简称进项税。

根据《中华人民共和国增值税暂行条例》的相关规定，下列情况产生的费用可办理抵扣进项税额。

（1）从销售方取得的增值税专用发票上注明的增值税额。

（2）从海关取得的海关进口增值税专用缴款书上注明的增值税额。

（3）购进农产品，除取得增值税专用发票或者海关进口增值税专用缴款书外，按照农产品收购发票或销售发票上注明的农产品买价和 13% 的扣除率计算的进项税额。进项税额计算公式：进项税额 = 买价 × 扣除率。

（4）购进或销售货物以及在生产经营过程中支付运输费用的，按照运输费用结算单据上注明的运输费用金额和 11% 的扣除率计算的进项税额。进项税额计算公式：进项税额 = 运输费用金额 × 扣除率。

2.2.4　哪些费用不能办理抵扣进项税金

哪些费用不能办理抵扣进项税额？具体来说有以下 6 种情形：

（1）未取得并保存增值税扣税凭证，或者增值税扣税凭证上未注明增值税及其他有关事项；

（2）购进固定资产；

（3）用于非应税项目的购进货物或者应税劳务；

（4）用于免税项目的购进货物或者应税劳务；

（5）用于集体福利或个人消费的购进货物或者应税劳务；

（6）非正常损失购进货物；

（7）非正常损失的在产品、产成品所耗用的购进货物或者应税劳务；

（8）小规模纳税人不得抵扣进项税额；

（9）进口货物不得抵扣任何进项税额；

（10）因进货退出或折让而收回的增值税税额，应从发生进货退出或折让当期的进项税额中扣减。如不扣减，属偷税行为。

若发生了按规定不允许抵扣而已经抵扣进项税额的行为，如无法准确确定该项进项税额的，按当期实际成本计算应扣减的进项税额。实际成本 = 进价 + 运费 + 保险费 + 其他有关费用；应扣减的进项税额 = 实际成本 × 征税时该货物或应税劳务适用的税率。

2.3　采购必知的发票知识

采购必知的发票知识包括哪些方面呢？主要有：在采购中会遇到哪些类型的发票，增值税开票注意事项以及如何辨别发票真伪。一张小小的发票蕴涵着大大的学问，需要采购人员仔细填写、认真核对，避开禁区，识别真假发票，减少损失。这就是本节将要涉及的采购必知的发票知识的主体内容，其中对重要的理论知识、注意事项、操作技巧将会详细解读。

2.3.1　采购中会遇到哪些类型的发票

采购发票是供应商开给采货单位的进行付款、记账、纳税的依据。采购发票主要包括两种：采购专用发票和采购普通发票。

其中，专用发票指的是增值税专用发票，是一般纳税人销售货物或者提供应税劳务所开具的发票。增值税发票上记载了销售货物的售价、税率以及税额等，采购方以增值税专用发票上记载的购入货物已支付的税额作为扣税和记账的依据。

我国全面推开营改增以后，纳税人常用的增值税发票包括增值税专用发票、增值税普通发票、增值税电子普通发票、机动车销售统一发票、货物运输业增值税专用发票等，如图 2-2 所示。

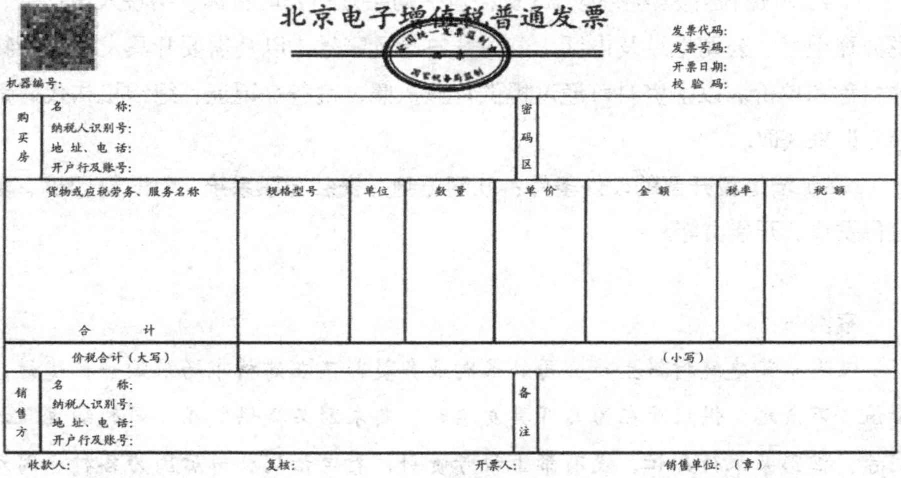

北京电子增值税普通发票

发票代码:
发票号码:
开票日期:
校 验 码:

机器编号:

购买方	名 称: 纳税人识别号: 地 址、电 话: 开户行及账号:				密码区			
货物或应税劳务、服务名称	规格型号	单位	数 量	单 价	金 额	税率	税 额	
合 计								
价税合计（大写）	（小写）							
销售方	名 称: 纳税人识别号: 地 址、电 话: 开户行及账号:				备注			

收款人: 复核: 开票人: 销售单位:（章）

图 2-2 增值税普通发票

小提示：增值税专用发票的概念是相对于增值税普通发票而言的，这两者是企业经营中最常见的增值税发票。而采购普通发票则是指除了专用发票以外的发票或其他收购凭证。

2.3.2 增值税开票注意事项

根据规定，纳税人发生应税行为时，应当向购买方开具增值税专用发票，并在增值税专用发票上注明销售额和销项税额。增值税开票活动通常用于供应商开具增值税专用发票服务，在这里要注意以下几点。

（1）开具增值税发票的单位必须是一般纳税人，如果非一般纳税人可以到国税局代开。

（2）一般纳税人可到税务局购领增值税专用发票。

（3）增值税开票需要提供供应商的基本信息，并向税务局提供供应商一般纳税人资格证书复印件。

（4）增值税开票需要提交的资料包括购买方的公司名称、纳税人识别号、税务登记号、公司地址及电话、公司开户行及账号，以及需要开具发票的货物的名称和单价。以上资料可通过提供营业执照、税务登记证、组织机构代码证等三证来获取。

（5）增值税开票的硬件条件：联网电脑并安装开票系统、针式打印机、增值税发票、开票员等。

案例一：

汉海市某建筑材料生产公司的采购业务员彭某在建材市场采购一批建材，价值3万余元。供应商在为其开具发票时，要求彭某提供所在公司的纳税人识别号，但彭某来得匆忙，没有带上税号资料，打电话到公司后因为各种原因无法当时得知。于是和供应商老板沟通，这次能不能先不提供，但老板说，税务局规定开具机打发票必须提供纳税人识别号，否则无法开票，彭某则认为这是老板故意为难，于是两个人大吵一架。

案例二：

安庆市某家大型物流集团分公司从供应商处进购了一批货物，供应商开具了增值税普通发票，但分公司的财务人员卢某发现了一处错误——在发票名称上少了"集团"两个字，与购买方纳税人识别号无法对接。于是，打电话到供应商处，对方表示"少写两个字没关系，反正开票单位确实是我们就行了，又不会赖账，别担心。"但后来经税务官网查询，系统提示这张发票"疑似假票"，卢某认为对方太不负责，要求马上解决问题，但对方一再推托。

从案例一可以看出，供应商老板的做法是正确的，因为没有购买方纳税人识别号，不按规定填写会带来一系列麻烦，最直接的后果就是无法通过认证，进项税额不得从销项税额中抵扣。而案例二中，供应商少填、错填发票信息都会导致无法做账，必须重新开具发票。可见，在开票期间要格外注意细节，认真核对，避免出错。

接下来，介绍 5 个增值税专用发票的注意事项，如图 2-3 所示。

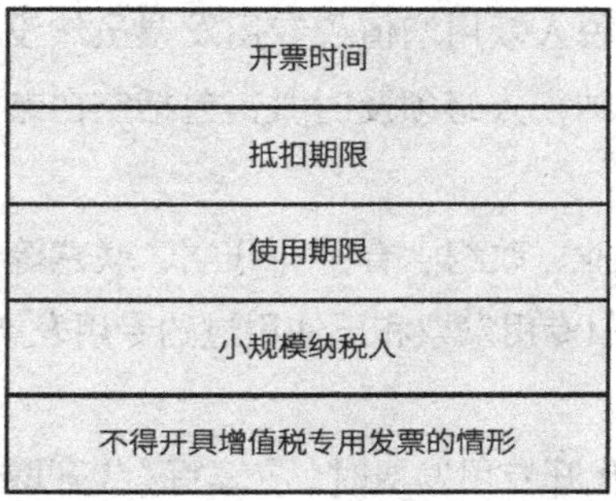

开票时间

抵扣期限

使用期限

小规模纳税人

不得开具增值税专用发票的情形

图 2-3　增值税专用发票的注意事项

1．开票时间

纳税人务必按规定的时限开具增值税专用发票，不得提前或滞后。

（1）采用预收货款、托收承付、委托银行收款结算方式的为货物发出的当天；

（2）采用交款提货结算方式的为收到货款的当天；

（3）采用赊销及分期付款结算方式的为合同约定的收款日期的当天；

（4）将货物交付他人代销的为收到委托人送交的代销清单的当天；

（5）将货物作为投资提供给其他单位或个体经营者的为货物移送的当天；

（6）将货物分配给股东的为货物移送的当天。

2．抵扣期限

一般纳税人认证通过的防伪税控系统开具的增值税专用发票申报抵扣时间仅限于当月，且必须在认证通过的当月按照增值税有关规定核算当期进项税额，否则不予抵扣。对于上月认证通过的专用发票如果上月没有申报抵扣，通常情况下在本月是不能抵扣进项税额的。

一般纳税人将外购货物作为实物投资入股，或是无偿赠送给他人，如果被投资者或受赠者是一般纳税人，可按规定开具增值税专用发票给被投资方，或者根据受赠者的要求开具专用发票。

3．使用期限

凡经认定为一般纳税人的企业，必须通过防伪税控系统开具增值税专用发票，非防伪税控系统开具的增值税专用发票不得申报抵扣进项税额。

正常经营的一般纳税人领用增值税专用发票虽然没有规定使用期限，但被取消一般纳税人资格的纳税人必须及时缴销包括空白专用发票和已使用过的专用发票存根联。

一般纳税人发生转业、改组、合并、分立、联营等情况，也必须在变更税务登记的同时，缴销空白专用发票和已使用过的专用发票存根联。

4．小规模纳税人

小规模纳税人申请代开专用发票时，应填写《代开增值税发票缴纳申报单》，连同税务登记证副本，到主管税务机关税款征收岗位按专用发票上注明的税额全额申报缴纳税款，同时缴纳专用发票工本费；实行定期定额征收方法的小规模纳税人在正常申报情况下申请代开增值税专用发票。

如每月开票金额大于应征增值税税额的，以开票金额数为依据征收税款，并作为下一年度核定定期定额的依据；每月开票金额小于应征增值税税额的，按应征增值税税额数征收税款。

5．不得开具增值税专用发票的情形

不得开具增值税专用发票的情形包括：

（1）向消费者个人销售服务、无形资产或者不动产；

（2）金融商品转让，不得开具增值税专用发票；

（3）试点纳税人提供有形动产融资性售后回租服务，向承租方收取的有形动产价款本金，不得开具增值税专用发票，可以开具普通发票；

（4）经纪代理服务，以取得的全部价款和价外费用，扣除向委托方收取并代为支付的政府性基金或者行政事业性收费后的余额为销售额，向委托方收取的政府性基金或者行政事业性收费，不得开具增值税专用发票；

（5）免税商品不能开具增值税专用发票。零售烟、酒、食品、服装、鞋帽（不包括劳保专用品）、化妆品等消费品不得开具专用发票的规定仅限制商业企业一般纳税人，这里不包括工业企业一般纳税人。

> **小提示**：无论是在开票时还是使用时，采购人员均需认真对待每一个细节，尽可能避免出现各类错误和麻烦，否则很容易影响公司的采购工作和进展。

2.3.3　如何辨别发票真伪

在采购活动中，采购人员常常要与发票打交道。而且，发票不仅仅是财务收支的法定凭证，同时也是会计核算的原始凭证，被称为"第二钞票"。所以无论是采购活动，还是财务活动，都需要发票，那采购人员如何辨别发票真伪呢？可以从以下 4 个方面入手，如图 2-4 所示。

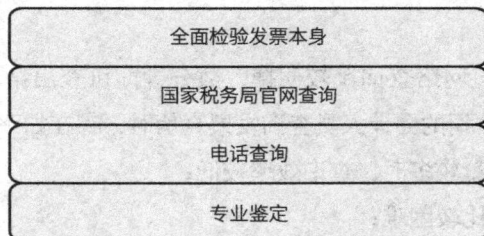

图 2-4　如何鉴定发票真伪

1.　全面检验发票本身

（1）发票纸张。

正规发票使用黑白水印防伪专用纸张印制，用手摸水印图案的时候有明显的凹凸感，而且在背光条件下可见"GDLT"英文字母深色水印，以及税徽图案的浅色水印，看起来比较清晰。

而虚假发票的纸张往往绵软发脆，油墨色泽暗淡、偏差较大，字迹模糊不清、字间距不成比例，发票代码和发票号码为直接印刷，无层次感、立体感。

同时，虚假发票的水印凹凸感不是很强，尤其是税徽图案，看起来较模糊，其发票印章要么模糊不清或无印章，要么印章特别清晰、过于醒目。虚假发票上除加盖发票专用章外还可能有其他印章。

另外，虚假发票复写的字迹、笔体、笔画的粗细、压痕往往会出现不一致的情况，甚至有用橡皮擦、小刀刮、药剂褪色等涂改的痕迹，使用钢笔或圆珠笔填写等都属于虚假发票的特征。

（2）发票数字。

真发票的代码开票单位所在地与地区代码对应的地市一致，且年份在实际的发票开具时间之后，票面最高开票限额与代码显示也一致。

虚假发票的发票号码往往不属于同一本发票，印章的销货单位也不一致，或者是购货发票的号码是连续的但日期先后颠倒或相差甚远。

2．国家税务局官网查询

目前，我们可以从各省市的税务官网直接查询发票的真伪。首先登录各开票所属的税务网站，找到首页办税服务厅，然后在查询区点击"发票真伪查询"，并如实填写纳税人识别号、发票代码、发票号码等必填项内容，最后点击即可查询结果。

一般来说，通过网络查询比较便捷，数分钟即可查出结果，鉴定真伪；而采购人员或其所在公司的会计人员查询发票真伪时，存在如下弊端：

（1）当发票数量较多时，查询效率较低；

（2）异地查询比较困难；

（3）手写版发票，特别是国税发票只能显示开票单位，不能显示开票金额；

（4）需要审计单位具备相应的网络、通信环境；

（5）无法取得虚假发票的法定证据。

所以，通过国家税务局官网查询发票真伪的办法也有一定的局限性，采购人员可以有针对性地选择使用。

3．电话查询

如果采购人员急需查询发票真伪，可以拨打全国各地区的税务专业服务热线，按照语音提示进入"发票查询"，输入所查发票相应的代码，注意不要输错号码。

4．专业鉴定

如果采购人员和所在单位基本认定发票为伪造的，想要进一步获取法定证据，则要进行发票鉴定。

　　我国《发票管理办法实施细则》中明确规定："用票单位和个人有权申请税务机关对发票的真伪进行鉴别。收到申请的税务机关应当受理并负责鉴别发票的真伪；鉴别有困难的，可以提请发票监制税务机关协助鉴别。"审计部门向税务部门申请进行虚假发票的鉴定程序主要有 3 个步骤：

　　第一步，填写《发票鉴定申请书》以及编写发票鉴定申请清单，主要包括发票名称、发票分类代码、发票号码、金额等内容；

　　第二步，向税务机关提交被鉴定发票的原件、复印件等资料；

　　第三步，税务机关受理并鉴定，且出具发票鉴定结论文书。

　　当可疑发票数量较多，且金额较大时，可由税务机关进行一次性专业鉴定，作为法定证据。但如果需要被鉴定的可疑发票数量较少、金额较小，我们可以向提供发票者提出换发票的要求，或者要求对方出具证明以进一步确认发票真伪。

　　　　小提示：采购人员不能在采购活动中向他人或单位提供虚假发票，而当自己收到疑似虚假发票时，可以到税务官网或打电话查询，同时，向公司财务部门说明情况，取得鉴定证据，以维护自身和公司的正当权益。

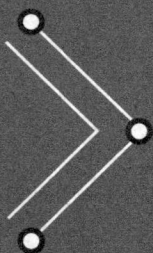

第 3 章

供应商管理：找准后援团，实现准时化采购

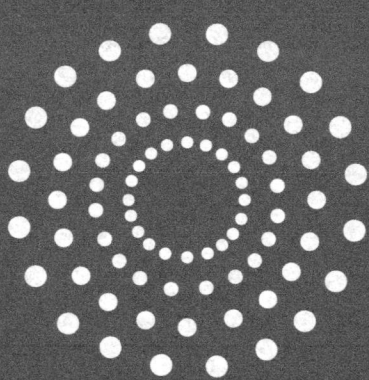

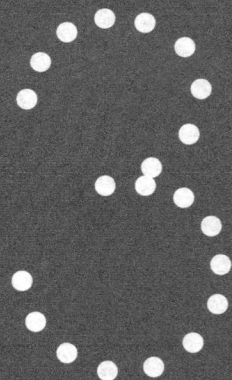

采购活动中的供应商管理直接关系到供应链的完整和循环，所以，采购人员要在供应商管理方面下功夫，找准后援团，实现准时化采购。在这里有两个重点问题，就是到哪里去寻找符合上述要求的供应商以及如何筛选出最合适的供应商，概括起来就是寻找供应商、筛选供应商。本章就结合这两大问题来综合阐述有关采购活动中的供应商问题。

3.1　到哪里去找符合需求的供应商

采购人员要到哪里去找符合需求的供应商呢？一般来说有 3 种途径，分别是电子商务、实体批发市场以及自身关系网。电子商务渠道包括从百度上搜索、阿里巴巴"企业集采"中下功夫，普通批发市场也是寻找供应商的宝地，同时采购人员还要充分发挥自身的人际关系网。3 种渠道同时发力，来寻找符合需求的供应商。

3.1.1　从百度上搜索靠谱供应商

寻找国内供应商最简便的方法就是利用百度搜索引擎，它的"强大与简便"路人皆知，最终与你合作的那家供应商也一定在百度收录之中，不过为了使搜索结果恰好满足你的需求，你需要一定的"表达技巧"来让搜索引擎理解你的需求，用简单的运算符号或者标点来连接关键词是不错的方法，比如 +、-、*、""、（ ）等。

1. +

用"+"把两个及以上的关键词连接在一起，只有同时满足这些关键词的搜索结果才有效。例如，在搜索框输入"鞋帽 + 采购"后，那些只有采购或只有鞋帽的信息将不显示。

2. -

用"-"将两个关键词连接后，其含义是搜索结果只包含第一个关键词，而包含第二个关键词的信息将不显示。例如，在搜索框输入"鞋帽 - 采购"后，那么搜索"鞋帽"的相关结果中将剔除包含"采购"的相关结果。

3. *

可用"*"代替任何数字及字母，这种符号适用于搜索那些不能确定的关键字。例如，在搜索框输入"采购 *"后，其搜索结果将包含与采购商、采购员、采购者等相关的内容。

4. ""

用""""括起来的词表示要精确匹配，不包括演变形式。例如，在搜索框输入带""""的"采购商"后，搜索结果中就不会出现类似于"采购供应商"等相关信息。

5.（ ）

当搜索条件有两个以上时，可用"（ ）"把几个关键词连在一起。例如，在搜索框输入"（ 鞋帽 - 采购)+(秋冬)"，则搜索结果中将包含"鞋帽"和"秋冬"，但不包含"采购"的相关结果。

虽然一些搜索技巧可提升搜索的匹配度，减少搜索结果条数，但搜索出相关结果的数量也不小，而我们不可能将这么多条信息一一查阅，这时很多人就会陷入一个误区，认为搜索结果排名越靠前的供应商越靠谱，其实不然，排名只占一半的可能性。因为在一些搜索结果中可能存在"百度推广，竞价匹配"的现象，因此，我们虽然不能查看全部信息，但前十几页的信息要耐心看完。

为了提高查询速度，我们不需要把每个网页都点进去查看，只需从搜索结果的几行简短描述中查看信息的匹配度，如果符合需求则点击打开网页，否则可跳过去查看下一条搜索信息。

> **小提示：** 当我们发现一条符合自己需求的搜索信息是某供应商的网站时，可进入网站浏览所需产品，并通过网页上面的联系方式、邮箱等方式联系供应商。

3.1.2 从阿里巴巴"企业集采"中找供应商

如果采购人员不想费尽心思通过关键词搜索从网上寻找靠谱供应商，那么还有一个简单的方法，就是通过阿里巴巴"企业集采"业务来寻找供应商，这是阿里巴巴专门为采购商提供"企业集采"的采购网站。

"企业集采"是阿里巴巴为中小企业精心打造的"一站式"、高质量企业采购商城，这里聚集了海量的品牌供应商和知名原厂。而且每个行业的供应商的企业资质、产品质量和售后服务都经过阿里运营小二的严格筛选。总之，阿里巴巴"企业集采"为采购商提供了正品保障、交货期保障、发票保障以及企业采购专享超低价格等高品质服务。

1. "企业集采"特惠服务

目前，阿里巴巴"企业集采"为采购员提供了 3 大采购物料，包括工程物料、生产物料和服装物料，如图 3-1 所示。

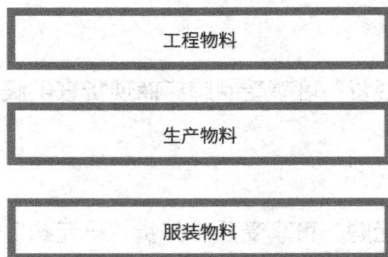

图 3-1 "企业集采" 3 大采购物料

另外，阿里巴巴"企业集采"还专门为中小企业提供一些特惠服务，如图 3-2 所示。

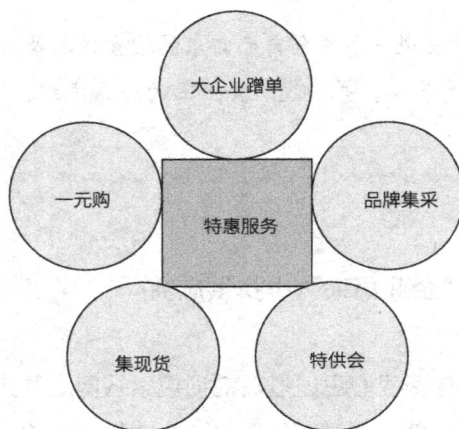

图 3-2 "企业集采"特惠服务

（1）大企业蹭单

中小企业通过"大企业蹭单"可享受到 500 强供应商提供给 500 强企业的专享价和专享服务。

（2）品牌集采

中小企业通过"品牌集采"可享受到知名品牌提供的特惠价格和专属服务。

（3）特供会

中小企业通过"特供会"可享受原材料源头厂家和一级经销商直接供货的服务。

（4）集现货

中小企业通过"集现货"可享受品牌厂商现货直供服务，而且采购有返现，采购越多，返现越多。

（5）一元购

中小企业通过"一元购"可享受品牌好货"一元购"优惠。每天上午 10 点，一些知名品牌精选优质产品以一元的价格开卖，不过这些商品的数量有限，先到先得。

2. 在"企业集采"中快速找到可靠供应商

阿里巴巴"企业集采"中的供应商有很多，当然各个供应商的实力、信用也各不相同，那么如何快速判断出供应商的实力和信用呢？判断方法如图 3-3 所示。

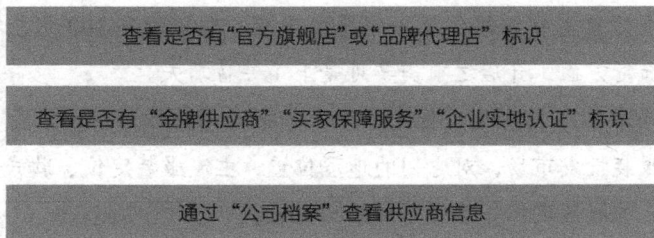

图 3-3 供应商的实力和信用判断方法

（1）查看是否有"官方旗舰店"或"品牌代理店"标识

采购员在打开供应商旺铺之后，查看其首页的最上方是否有"官方旗舰店"或"品牌代理店"标识，凡是有这些标识的供应商，都经过了阿里巴巴的认证，其产品质量更有保障。

（2）查看是否有"金牌供应商""买家保障服务""企业实地认证"标识

采购员在打开供应商旺铺之后，查看产品详情页左侧是否有"金牌供应商""买家保障服务"和"企业实地认证"标识，这些标识都是供应商实力的象征，采购员应选择具有这些标识的供应商。

（3）通过"公司档案"查看供应商信息

采购员在进入供应商旺铺后，点击"公司档案"可查看供应商的基本信息、交易信用记录、企业自传资质、工商注册、信用报告、实拍图片等信息，以确定供应商的信用。

总之，无论采购员采取关键词搜索寻找供应商，还是通过阿里巴巴"企业集采"查找供应商，都要先从各方面确认这家供应商是否靠谱，再决定是否选择这家供应商。

3.1.3 从普通批发市场找货源

从普通批发市场找货源，属于实体渠道寻找供应商，例如，从各大知名的批发市场直接拿货，量大价优，非常适合采购量需求旺盛的企业。当然，批发市场的货源供应不是问题，但关键是如何选择合适的供应商。

大学毕业后美某在深圳经营一家服装网店，客单价在 100 元左右，属中低端定位。在选货方面，开店之前美某可是下了一番功夫。

她首先瞄准了广州的几大批发市场，包括广州的沙河、十三行、白马、站西等专业的服装批发市场，对它们的地理位置，主流服装定位、款式、价格等，根据自己网店的服装定位等都做了详细的对比。

在和服装店老板的沟通中，最终选择了 3 家店铺作为自己网店的供货商。美某看中的就是广州的服装拿货价比较低，货源充足，还可以"货比三家"等优势。普通批发市场的货源优势在于货源充足，多家供应商集中在一个区域，可供美某这样的采购店主现场寻找货源，亲自检验，以保证货源质量。

从普通批发市场找货源，有非常明显的优势，也有潜在的风险，采购人员要根据公司业务需求以及行业特点等情况，进行多方面考核。采购人员可以根据图 3-4 所示的技巧，从批发市场寻找和建立供货链条。

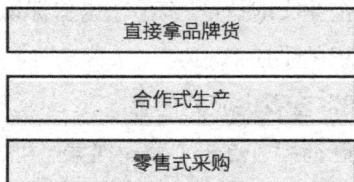

```
┌─────────────────────────┐
│       直接拿品牌货         │
└─────────────────────────┘

┌─────────────────────────┐
│        合作式生产          │
└─────────────────────────┘

┌─────────────────────────┐
│        零售式采购          │
└─────────────────────────┘
```

图 3-4　批发市场寻找和建立供货链条

1. 直接拿品牌货

以服装为例，有些大型服装生产厂家本身就为一些大品牌做代工代销，也算是工厂级的供应商，服装行业的采购人员可找到某个品牌的厂家或总代理，直接瞄准品牌货进货即可。一般情况下，这种渠道的货源质量比较靠谱，毕竟是大工厂级的供应商，货号比较齐全，样式新颖，市场销路比较好。

当然，采购人员要注意有些供应商厂家会要求整箱进货，那就要和厂家负责人巧妙沟通，例如，自己拿 5 万件货，但服装的款式和尺码要自己确定，因为有很多大众系列的服装有很多款式和颜色，不需要全部拿货。

2. 合作式生产

要想找到物美价廉的供应商，还有一个有效的办法，就是以合作式生产的方式直接从供应商那里采购。例如，一家淘宝网店，月销达 10 000 件，店主可以联系好厂家，在买家下单后直接将订单发给厂家，由厂家直接加工制作发货，淘宝店主可以从中赚取差价。

这种做法的好处是店主无需积压库存，直接由厂家生产、发货，服装若出现问题可以找厂家解决，而弊端则是店主无法直接把握服装品质，容易在细节方面出现问题。而且，厂家也不愿意为小额订单单独开设生产线，特别是大型服装加工厂。毕竟生产一个系列的服装要有很多程序，不是单方面可以决定和解决的。

淘宝店铺与服装厂家的合作式生产，可以最大限度地实现零积压与零库存，但中间可能会出现的问题也比较多，自己要与厂家保持密切联系，甚至可以驻厂监制，监督采购发货。

3. 零售式采购

在批发市场往往可以找到很多供货商，例如，同样是学习用品，在批发市场有综合店铺或公司，也有专门销售某类学习用品的供货商。采购人员可以以零售式的采购方案，从供货商处拿货。

例如，一次性采购一批圆珠笔芯，或者在大型综合供货商那里订购圆珠笔芯、作业本、打印机等。零售式采购比较适合小批量、高频率的拿货方案，采购人员可以结合实际的采购需求，和供货商协商批发价格，争取以较低的成本价入手。

当采购人员拿货量比较小或者与供应商的关系不牢固，即使以批发价拿货实际上价格还是相对较高，特别是紧俏商品，往往要货量大的采购人员会将货源一抢而空，采购量小的公司肯定不占优势。这是采购人员要特别注意的。

> **小提示**：从批发市场的供应商处直接拿货，质量和货源比较有保证，成本也会更低些，但是采购人员要注意，不要单纯因为价格便宜就去盲目下单拿货，而要综合考虑产品质量和售后服务等问题。有的供应商为保护自己的利益，对外公开的批发价也是有水分的，如果采购人员不懂行情，很容易付出较高成本价，对自己不利。

3.1.4　从自身关系网中找品牌代理商

从自身关系网中找品牌代理商，是指采购人员要充分运用自身的人际网络，以合适的途径找到品牌代理商，拿正品货，借品牌商的销售渠道为自己实现赢利。

品牌代理商是以"拿来主义"的商业模式，与产品供应商签订代理合同，对方生产产品，我方采购卖货。品牌代理商以低于市场的价格从供应商处拿到品牌产品，再以全国统一零售价销售，其中的差价就是品牌代理商的赢利来源。

周某是福建某大型婴幼儿游泳馆的采购经理，主要负责游泳馆内休闲区的商品采购工作。该游泳馆除了主体的游泳项目外，还设有专门的休闲区，售卖婴幼儿食品以及服装。家长带宝宝来游泳的同时，可以带宝宝到休闲区免费游玩。游泳馆老板认为，宝宝游泳项目是该游泳馆赢利的一部分，但更多是靠休闲区的食品和服装来赢利。

为了加强服装区域的销售力度，游泳馆老板让周某寻找一些新的婴幼儿服装品牌，更新和丰富现有婴幼儿服装体系，提升游泳馆的营业额。

周某通过半个月的考察，初步确定了两家合作伙伴，但尚在协商之中。这时，周某妻子的表妹吴某到周某家中做客，说起婴幼儿服装采购的事情，吴某说自己有个前同事就是福建某婴幼儿服装生产企业的企划人员，可以联系这个前同事，看看有没有合作的可能。

周某在和吴某这位前同事联系以后，对方将自己介绍给公司专门负责对接客户的王经理。经过一系列的恰谈，周某和该婴幼儿服装生产企业顺利签订为期6个月的采购合同。如果合作顺利，合同期顺延2年。

合同规定，周某所在的婴幼儿游泳馆成为该婴幼儿服装品牌的特许正品品牌代理商，可在休闲区内设立专门的品牌展示区，价格平民，服装安全环保，产品均经过有关部门检测试验，可提供相关权威证书。

周某通过妻子表妹的介绍认识了品牌商的客户经理，进而签订了采购合同。这就是充分运用自身的关系网找到品牌代理商，尽管这个事情有偶然性，但也启示采购人员，自身关系网也是不可忽视的潜在资源，要充分挖掘。

比如，从同事关系出发，对采购工作需要的各项资源进行拓展，例如，采购一批中端价位的计算机产品配件，如果同事对计算机比较有研究，可以向其请教，看看有什么好的计算机配件供应商。如果同事正好有熟人，就可以运用这层人际关系搭好采购的线。

又如，从家人关系出发，在聚会闲聊中探寻有没有可用的资源，如果采购人员已经初步确定了某个代理商，则可以从家人朋友的关系网中寻找有没有可能的机会，甚至是家人的同事等。

也许你会说，仅从自身的关系网中哪能这样轻易找到品牌代理商或合适的采购资源呢？但六度人际关系理论说明，世界上的任何两个人都有可能通过中间者建立联系，而人际交往中的六度人际关系理论也强调了陌生人之间潜在的网状关系。

所谓六度人际关系理论（Six Degrees of Separation），是指地球上所有的人都可以通过 6 层以内的熟人链和任何其他人联系起来。通俗地讲，你和任何一个陌生人之间所间隔的人不会超过 6 个，也就是说，最多通过 6 个人你就能够认识任何一个陌生人。

六度人际关系概念最初是在 20 世纪 60 年代由美国心理学家斯坦利·米尔格拉姆（Stanley Milgram）提出并加以验证的。由于当时的实验有一定的缺陷和不足，所以没有立即得到广泛传播，但事实上，很多商界人士都在运用六度人际关系理论搭建自身的人际关系网，并起到了积极作用。

> **小提示**：依照六度人际关系理论，采购人员自身的关系网中可能并没有和品牌代理商直接挂钩，但只要寻找到中间的连接者，就可以打通这个链条，就能找到符合需求的供应商。

3.2 如何筛选出最合适的供应商

选择供应商，是对市场上供应商提供的产品进行选择。由于满足一定的产品功能要求的材料并不是唯一的，有多种替代方案，因此，在众多方案的比较中，根据功能成本分析，一定可以取得一种既满足功能要求，费用又较低的方案。如何筛选出最合适的供应商？主要从安全、利益、服务 3 个方面入手。

3.2.1 安全：产品质量 + 供应商信誉

采购员与供应商在前期对接时，往往能从供应商那里得到非常多的利好消息，包括产品质量有保障，供货及时，采购价格合理优惠，可满足个性化需求，售后服务一流等。听到供应商的这些话时，作为采购专员的你是不是已经认定这家供应商了？且慢，不要急于下定论，我们还是要认真筛选出最合适的供应商。

采购工作最重要的环节就是对供应商进行实地考察，以检验其说法是否真实，真实程度有多少。

某大型连锁药店的陈某作为采购经理，拥有多年的采购经验，专门负责奶粉品牌的采购工作。最近，他正和荷兰一家奶粉品牌企业谈一个奶品采购项目。连锁药店老板之所以看重这家品牌的新品奶粉，主要是因为其品牌大，奶粉利润高，因此派陈某和对方洽谈采购业务。

这家奶粉品牌在中国的总部设在南京，陈某向对方提出要实地考察，当面商谈具体事宜，对方的新品奶粉项目客户经理表现得非常热情，欢迎陈某到公司考察。在出发前，陈某安排了物流部门、仓库包装、质量文件部门的同事各一人，在陈某的带领下组成一个4人考察小组。

陈某的团队在当天下午到达南京后，但没有立即通知对方，而是在供应商总部附近的酒店住了下来，4个人在房间里开会，拿出了书面资料，总共分3部分，分别是仓库现场、物流链条及质量文件，以及专业的摄像、拍照。陈某还对3个小组成员交代了注意事项，主要是考察对方的实力。

第二天早上8点，陈某给对方客户经理打电话，说自己已经到了总部，现在要前来参观。对方客户经理非常诧异，没想到陈某这么快就到了"自家门口"。见面以后，陈某和对方说，自己是连夜坐飞机赶到南京的，并且4个人均表现出非常疲倦的样子。

果然，供应商的接待人员放松了警惕，带陈某的采购小组考察团到工厂的各处参观，而陈某的同事也都暗中做了记录。在办公室查看文件时，负责质量文件的同事还拍了照片，当然是在供应商允许的情况下。

在考察过程中，陈某发现供应商的奶粉确实是直接从荷兰进口的，且文件证书齐全，而且，供应商的接待人员还带领陈某额外参观了自主生产的奶粉，并表示如果陈某有采购意愿，可给出低于批发价的优惠价格，但前提是要大批量采购。

午餐时间到了，供应商的接待人员表示要带陈某的采购考察团到一家有名的酒店用餐，但陈某提议在其食堂吃午饭，并对其自主生产的奶粉非常感兴趣，下午可以细谈一下。

看陈某对更大的订单生意感兴趣，客户经理赶忙通知食堂加餐。在午餐结束时，陈某偶遇了一个司机小伙子。这个小伙子是负责给供应商送牛奶的，中午在食堂用餐。陈某借机向其询问了供应商的信誉，是不是给牛奶厂及时打款，每个月可以送多少车牛奶，对这家供应商的印象如何等。

下午经过洽谈，陈某对这家供应商有了更细致的了解。回去以后，将情况报告给老板，并且建议增加对该供应商自主生产的奶粉的采购量。理由是，这家供应商生产的奶粉在当地销量和口碑还可以（这些信息都从那个司机小伙子那里得到），而且该品牌奶粉在本市是个空白区，一旦打开市场，连锁药店的奶粉销售业绩肯定会随之增加。

最后，陈某的连锁药店和该奶粉供应商签订了两年的荷兰原装进口奶粉采购合同，此外还采购了15万件该供应商自主生产的奶粉产品。

在该考察过程中，陈某作为采购经理，从考察小组的组成到现场考察再到了解业务，都是比较专业的，将奶粉的产品质量放在第一位，注重供应商的信誉，从多个侧面了解更真实的信息。

小提示：

作为采购经理，在和供应商对接时，要争取让供应商以事实说话，而不是过于强调漂亮的业绩，特别是对于各种证书文件的真实性、可靠性和含金量，要想办法去验证，实地考察是一个不错的办法。考察小组也要有科学的安排，由哪些人组成，分别负责哪些任务，不能只有采购部门的人，要有生产部门、财产部门、计划部门、质量部门、物流部门等同事，具体情况可以根据实际来确定。

3.2.2 利益：采购价合理最重要

集团或公司之所以看重采购，就是因为采购与赢利问题息息相关，最关键的就是采购的价格——在其他条件不变的情况下，采购的价格当然是越低越好。但这种情况几乎不会出现，因为价格是由价值决定的，供应商的报价过低的话，采购经理反而要提高警惕。如果综合条件合适，当然要选择价格最低的那个，这样可以赚取更多的差价。

实际上，采购经理所面对的情况往往更为复杂，在采购价格方面也最容易出现问题，例如，供应商表示可以给出采购人员想要的低价格，但供货时间要延长，且不允许和其他供应商合作。

所以，采购人员和供应商谈价格时，要掌握一定的技巧，看出其中的水分，尽可能以低价格采购货物或原材料。

但要知道，采购价格不一定越低越好，因为产品本身的价值是一定的，如果有供应商报出低于这个价值的价格，那就要小心是不是山寨产品。作为采购经理，不一定要追求价格更低，而应关注价格是否合理，是否和产品的价值相匹配，对自己的公司是否有利润空间，空间有多大，是否还有压缩余地。

如何找到那个合理的价格呢？最直接的办法就是"货比三家"。一般来说，采购专员想要采购某项产品，往往会通过多种渠道多询问几家，至少要问 5 家以上，去掉最高价格和最低价格，对中间价格再去做深入分析。

例如，询问了 5 家供应商，其报价分别是 3 元、5 元、6 元、10 元和 11 元，其中，有两家的价格超过两位数，前三家比较接近，初步无法判断真实的价格，这时可以再多问几家供应商，找出相对准确的价格。

采购经理在和供应商真正开始谈价格前，应该对供应商的整体实力有所了解，这样正面交锋时才容易掌握主动权。那么，要想拿到合理的价格，采购人员应如何在价格上与供应商沟通呢？如图 3-5 所示。

1．讨价还价

采购人员要在价格谈判中掌握一定的还价技巧，既不能漫天还价、乱砍价，也不能一开始就说出最低价。例如，供应商给出的原材料报价是每千克 10 元，如果采购人员还价直接说 2 元或 9 元都不合适——2 元会让供应商认为毫无谈价诚意，9 元又没有还下多少价。

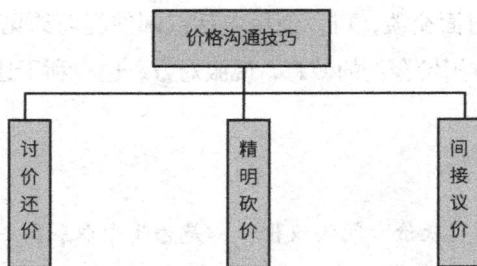

图 3-5 与供应商价格沟通技巧

另外，还可以以化零为整的办法巧妙还价，例如，10 元 /500 克，我们可以说采购 10 吨，总价是 2 万元，让供应商便宜 1 千元，这样的话比用每 500 克 10 元来讨价还价更能让供应商接受。

如果是采购方占优势的情况下，可以适度使用强硬手段，让供应商降价，例如，卖方产品销路欠佳或竞争激烈，急于寻找买方脱手，这时采购人员可以不征询供应商的意见，直接给出采购价，如果对方无法接受，那就立即更换供应商。

2．精明砍价

如果采购方希望供应商在价格方面有些许让步，就要使用精明的砍价技巧。

第一，谨慎做出让步，让供应商知道你的让步非常艰难，这样反而会使对方有所期待；第二，尽量让供应商在关键问题上先行让步，例如，供应商直接将采购价格降低 0.1 百分点，而我方在次要方面做出让步；第三，提前做好砍价准备，让步的先后顺序，哪些是底线，在这些可让步的条件中哪些是有实际商业价值的、哪些可以作为辅助条件。

3．间接议价

采购人员在和供应商议价时，可以使用间接议价，迂回过渡。

第一，正式议价前谈一些不相关的话题，以社会公共话题为宜，这样既不涉及隐私，又让对方有话可说。

第二，多表现自己的为难之处，例如，对供应商所提的价格，自己作为采购人员或采购经理已经向上级领导说明了，但无法让步，让供应商知道自己是"站在他那边的"。

第三，尽量面对面交谈，可以使用电话或邮件提前约见，在见面后使用肢体语言、表情让对方相信合作的诚意，说服对方，也有利于让供应商降价。

> **小提示：**
>
> 讨价还价、精明砍价、间接议价，都是为了争取获得一个合理的且对采购方最有利的价格，特别是对于初次合作的供应商，由于此前尚未合作，没有太多的合作信任，如果有长期合作的打算，则不宜将采购价格视为最重要的一项。而要在知晓供应商情况的前提下，有所争取和让步，以便最终获得理想的采购价格。

3.2.3 服务：态度好 + 供货准时 + 售后服务积极

采购人员在选择一家什么样的供应商作为合作对象时，除了考虑安全和利益之外，最重要的考查要素就是服务，包括服务的态度好、供货准时，以及售后服务积极，如图 3-6 所示。

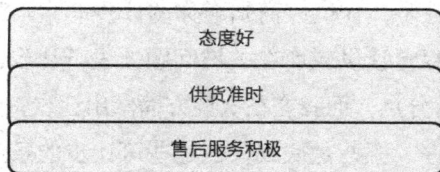

图 3-6 筛选供应商服务标准

在态度方面，看一家供应商的态度是否良好与端正，可以从与供应商的首次接触到谈判过程中看出一二，态度好可以反映在很多地方。

例如，专业程度，问及一些专业问题时，如果供应商的负责人能够快速、准确地说出对问题的看法与本质，并提出不错的建议，提高订单成功率，这样的供应商无疑值得考虑。

又如，谈判的诚意。比如供应商一方的接洽人态度良好，以做不成生意可以做朋友的态度对待采购人员，无论是面谈还是电话沟通都以热情的态度去对待。

在供货方面，考察一家供应商是否值得与之合作，供货是否准时很重要。例如，一批短期货物，采购人员希望供应商半个月内交货，并预付了定金，但距离交货还有 3 天时，供应商负责人说出了点意外，可能有近 10% 的货物无法按时提供。这时，采购人员需要了解供应商无法按期完全交货的原因，如果是因为供应商内部管理而出现的问题，那这样的供应商是否值得再次合作一定要慎重考虑。

供应商的售后服务也是考察和筛选优质供应商的重要因素，管理科学、运行良好的供应商，一般售后服务也不会太差，甚至还会提前为采购人员提供好的建议，或提醒相关的注意事项。一旦出现问题，会第一时间为采购方解决，积极配合工作，体现一个优质供应商应有的专业精神。

服务态度、供货时间、售后服务态度，都是筛选供应商的重要考核标准，除此之外，供应商的产品质量水平、交货周期和效率、沟通顺畅性、反馈有效性以及物流仓储等，都是采购人员需要重点考查的因素。

对此，采购人员可以专门制定一个供应商服务考查评价表，因为采购人员面对的往往不是一个供应商，为了对所有的供应商有一个合理准确的判断，可以根据评价表来进行综合考量。

在评价细节方面，可以以某个具体项目为准，看各个供应商在这个项目中的表现，包括质量体系保证能力、生产规模、交货期、采购价格、售后服务、各类有效证件等。具体内容采购人员可以根据实际情况确定。

另外，采购人员虽然是公司采购部门的工作人员，但也是为公司整个供应链系统服务，而供应链要适合多个部门的要求，协调合作。所以，无论是判断一个供应商的服务是否合格，还是筛选某个供应商，都要结合其他部门同事的意见，包括技术部门、品管部门等，以及公司领导层的意见等。

采购人员要想筛选出适合公司发展的优质供应商，总体的考查因素应包括 4 个方面：质量、成本、交付、服务。这 4 个方面涉及公司供应链条的核心环节，尤其是质量环节。优质的供应商都有自己的一整套稳定有效的质量保证体系，同时，也具备生产所需特定产品的设备和工艺能力，以保证为采购方提供质量合格的产品。

在成本方面，采购人员需要以合理且偏低的价格与供应商合作，而价格不仅取决于市场运行情况、产品本身的价值，还与供应商自身的成本管理密切相关，好的供应商会从内部协调降低产品价格，维持正常运转和发展。

> **小提示：** 在服务方面，供应商的售前服务与售后服务同样重要。可以说供应商的选择与筛选在很大程度上决定了采购人员能否为公司找准强大的后援团，打好供应链的第一战。

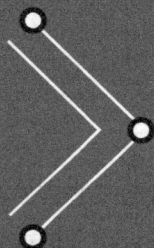

第 4 章

采购成本控制：实现利润最大化和运营低成本

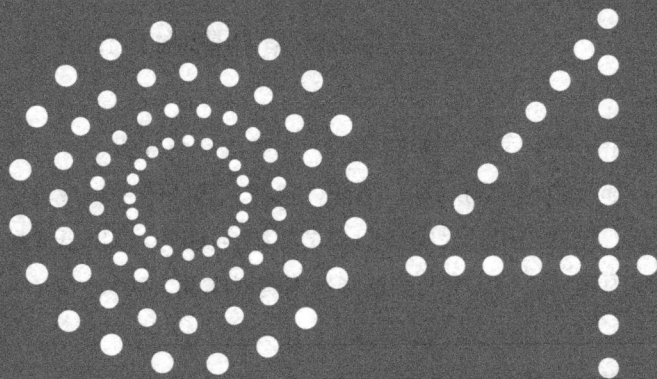

采购成本控制指的是对采购活动过程中的费用进行管理，包括采购订单费用、人员费用、各项管理费用等，成本控制的目的是实现利润最大化和低成本运营。要想达到理想的控制效果，就要清楚哪些因素会影响采购成本，如何从公司内部降低采购成本，又如何从供应商着手降低采购成本。从影响因素到内部管理再到供应商管理，全面降低采购成本，这就是本章的核心内容。

4.1　哪些因素会影响采购成本

整个采购环节涉及哪些部门，采购的批量和批次，交货时间地点，价格成本等，都会影响采购成本，另外，自然灾害等事件也成为了影响采购成本的意外因素。也就是说，采购部门人员要综合突破，以降低采购成本。本节就以这些影响因素为核心，全面阐述降低采购成本的方法和技巧。

4.1.1　跨部门协作和沟通

降低采购成本，不仅是采购人员要从供应商那里尽可能以低价拿货，而且还要从公司的各个部门入手，加强跨部门的协作与沟通，以降低采购成本。那么，公司的采购业务会涉及哪些部门呢？

从生产的角度看，采购业务涉及生产部门、设计部门、研发部门、质保部门、财务部门以及销售部门。从公司的内部结构来说，采购部门是一个和众多部门打交道的部门，有物有款，所以，需要跨部门协作和沟通。如果采购部门没有达到畅通的交流，对采购任务不清晰，很容易造成紧急补货采购，从而拉高采购成本。首先，我们来看一下采购部门及其业务会涉及哪些部门，如图 4-1 所示。

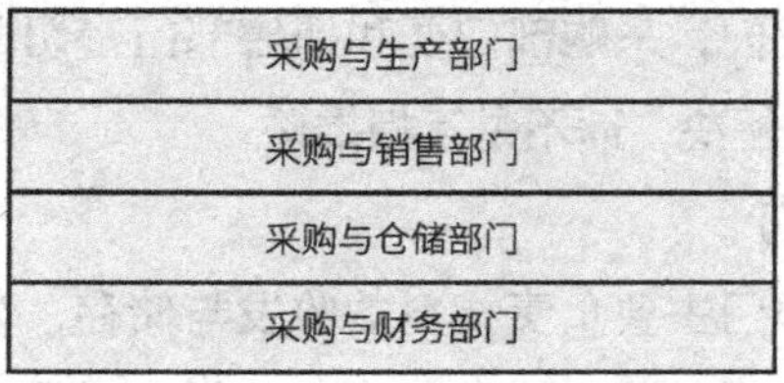

采购与生产部门
采购与销售部门
采购与仓储部门
采购与财务部门

图 4-1　采购协作涉及部门

1．采购与生产部门

生产部门是采购物料的实际使用者，与采购部门的关系也最为密切，生产部门在日常生产中所积累的实践经验与技术优势都可以为采购部门提供相关资料，包括物料质量、产品成色以及生产进度，采购部门可以通过这些资料与信息来确定一个合理的采购规划，协调与供应商的合作。

例如，某布料生产型企业的采购部门主要负责收购原材料，该企业的生产部门会将生产计划与实际生产情况及时与采购部门交流沟通，告知其所需物料；采购部门则就供应商的物料资源以及交付日期等与生产部门沟通。总之，采购部门与生产部门的良好协作与沟通可以促进生产的正常运转。

2．采购与销售部门

杨柳是某市大型超市的一名采购专员，主要负责酒类采购，近期超市计划采购一批桶装矿泉水，于是杨柳向销售部门询问采购量，但是销售部门主管认为，矿泉水的销售高峰还有两个月，不必急于进货，小批量采购就行。于是，杨柳打算采购原先预订量的一半，供应商负责人说服杨柳多采购一些，但杨柳以销售主管只承担了一半的销售量，如果卖不出去杨柳要负责任为由，拒绝了供应商的提议。

没想到，当地过了 5 月中旬气温就快速上升，不到 3 天时间，这批矿泉水就售罄，销售部门要杨柳紧急采购，但供应商说现在要货最快也得等一周以后，如果现在要货必须加钱，这样使得超市陷入了被动局面。而杨柳和销售部门认为现在有顾客买矿泉水超市却没货，都是对方的责任。

这个事件也启示我们，采购部门要和销售部门密切配合，在进货量方面协商沟通，出现问题及时解决，而不是互相推诿。

3．采购与仓储部门

公司的物流仓储部门主要负责物料的收发与储存，为了更好地利用仓库，仓储部门需要从采购处提前得知一些信息，包括物料是否能到、价格趋势以及替代材料等。同时，采购部门也需要仓储部门提供需要采购的商品名称以及数量，以及时补货。

采购与仓储部门的顺畅沟通可以有效避免仓储空间积压或库存不足，也可以帮助节省采购成本，需要的补上，不需要的暂停采购。

4．采购与财务部门

采购与财务部门的沟通主要集中在货款的交接与支付上。采购人员从供应商处拿货，需要财务部门及时付款，如果这个环节拖沓，很容易影响供应商的发货速度和随后的合作进度。同时，公司销售部门会认为是采购部门工作不及时，导致供应商无法供货，影响销售进度。

另外，财务部门对钱款的审核也会使采购人员对运营费用有所约束，有利于节省采购的综合成本，但也会容易引发一些冲突，这就要求两个部门及时沟通与协商。

当然，除了以上 4 个部门外，采购部门还可能与其他部门产生交集，具体要看公司的部门设置与人事安排。总之，采购部门需要跨部门协作沟通，与公司多个部门协商开展工作。

另外，在采购部门内部也会由于职位与职责的不同，负责与不同的部门沟通，例如，采购经理的工作重心是监督与指导，负责与各部门的领导进行交流。采购经理作为部门领导，主要负责对整个采购工作的把控和指导，关于采购的每一项具体工作则是以"抓大放小"的原则进行处理。将具体的工作落实交给采购人员，让下属有工作可做，有责任可担。采购人员要表现出出色的工作能力，就要做好领导交代下来的任务，关注细节，与同事多沟通，在与各部门以及供应商的工作交流中也要灵活应对。

　　总体来说，之所以要追求采购成本的控制与管理，就是因为采购是一个敏感部门，与财务部门一样，掌握着公司的经济命脉，采购不仅是公司花钱购买物资，更是花钱拓展公司的渠道，执行发展规划。

　　小提示：无论是采购经理还是采购人员，都要在跨部门沟通和自我监督与管理中，认真执行公司的条例规定，灵活处理各部门间的不同意见，争取合作完成任务。

4.1.2　采购批量和采购批次

　　采购批量是指由销售订单流转采购订单时，采购订单的数量取销售订单的数量，当销售订单的数量不足一个采购批量时，按一个采购批量处理。例如，采购批量为 100，销售订单数量是 83 时，则采购批量为 100，这样才能保证销售数量充足。

　　采购批次则是按照采购计划所约定的时间，要求供应商按不同到货时间送货。也就是说，供应商在不同的时间段送不同的货，就是采购批次。

　　采购批量和采购批次是从采购的数量和次数方面进行规定，采购多少货物，每个批次的货什么时候到，这都需要采购人员和供应商提前商定、和公司各部门协商，掌控得好则会有效降低采购成本，实现利润最大化。

　　小赵是某大型连锁超市的采购员，之前从事超市的盘点工作，现在负责当地 100 多家大小超市的方便面采购业务。3 个月前，小赵和一家知名的方便面企业进行采购恰谈，在商谈过程中，对方的负责人表示可以以超低价供货，于是小赵一口气采购了该企业旗下某品牌 10 万箱方便面，供应商非常爽快，3 天时间就到货。但也导致该连锁超市的物流仓库方便面区爆满，于是，超市销售方面紧急组织人力开展大规模的促销活动，因为采购价低，促销力度大，超市也因此大赚了一笔。

有了之前的经验，小赵就和该方便面供应商签订了合同，合同规定，小赵所在的连锁超市每月20日从该企业采购某品牌方便面，每次8万箱，连续3个月，但无法再享受之前的优惠价。小赵由于急于采购卖货，也就答应了。

但到了第一个月月底，该品牌的方便面严重滞销，所有超市门店加起来只卖了3万多箱，而第二个月还要如期到货，照这个样子，肯定会把超市仓库挤爆。于是，小赵向供应商协商，能不能减少货物批量，一次4万箱，但供应商负责人表示，这不符合之前的合同，绝对不行。小赵与之再三协商之后，对方答应每批量少发3万箱，但采购价格要涨2%，小赵无奈同意了，且重新修订了合同。

到了第二个月中旬，仓库里有5万箱方便面，照这个销售进度下去，第三个月月底肯定还会积压不少方便面，但已经比之前的预计少多了。没想到，到第三个月月初，该方便面的竞争对手爆出负面消息，且影响非常大，导致该品牌方便面的销量直线上升。

眼看仓库的存货马上将卖完，小赵赶紧和供应商打电话，问能不能多给批点量。但供应商负责人表示，之前两个月一会要货一会不要货，在这之前已经有别的采购经理订了货，现在要增加采购量已经来不及了，加钱也没货，至少要等一周时间。

小赵的领导这时也打来电话，气呼呼地说："你这个采购员怎么搞的，上个月积压，这个月断货，下面的门店超市一直在催促我们仓库补货，你说怎么办？"

在这个案例中，小小的方便面可把小赵给难住了，也证明了采购这个工作看似简单，实则有大学问：采购批量大了，货卖不出去，积压在仓库，会增加成本；采购少了又断货，影响供应链和销售工作。

在这个方便面事件中，小赵作为采购人员应该反思的问题有很多，比如，向第一次合作的供应商大批量进货，即使对方的品牌和质量均有保证，也不一定拿到市场上就是紧俏货，而当初小赵看重这家方便面企业就是因为它有品牌且采购价低。但小赵没想到，当产品出现滞销时，自己也陷入了被动局面。

另外，小赵将供应商锁定在这一家，产品滞销时不仅积压在仓库，还导致超市仓储空间占用其他品牌的方便面货物区。所以，小赵应该提前想到，如果采购出现问题，不管是供应商还是产品，该如何应对？仅和供应商商谈，很难从根本上解决问题，所以，我们提倡采购人员要多制定一个供应商采购方案以备用。

> **小提示**：采购批量和采购批次是影响采购成本的重要影响，往往会因为采购人员的不专业和判断失误等原因造成采购成本上涨。当然，专业的采购人员也是从实践中慢慢积累经验的，采购人员要在采购过程中，全面思考，制定应急预警方案，配合公司的各部门给出信息资料，综合判断采购批量和采购批次。

4.1.3 交货期、供货地点与付款期

供应商的交货期、供货地点、付款期等因素会直接影响企业的采购成本，如果供应商与公司交接良好，可以给采购人员所在的公司或企业节省很多成本。但事实上，这 3 项内容会受到多方面的因素影响。接下来，我们就从交货期、供货地点与付款期这 3 个方面入手，解读如何合理控制采购成本，如图 4-2 所示。

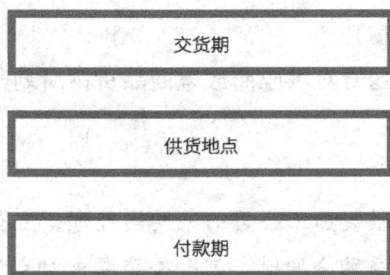

交货期

供货地点

付款期

图 4-2 如何控制采购成本

1. 交货期

交货期是指卖方将货物装上运往目的地（港）的运输工具或交付承运人的日期，习惯上称为"装运期"，本质上指的是从下订单到收到产品的时间间隔。

同时，交货期与出单日期相关联，在内容方面，出单日期又因具体的业务不同而有所不同。在出口业务的海运提单中，出单日期指的是货物装上船的日期；而铁路运单、航空运单、邮包收据和国际多式联运单据的出单日期，指的是货物装上运输工具或承运人收到并接管货物的日期。我国的出口业务中，通常要求信用证的议付到期日规定在交货期限后的 15 天。

而采购成本也和交货日期息息相关，如果交货日期短，耗费的时间以及人力成本较少，总成本也会随之下降；反之，交货过程延长无疑增加了货物成本。

在实际的采购过程中，交通运输的时间和成本对物料采购成本的影响不可低估，如果物料的交货期中有一半甚至更长时间耗费在了运输方面，特别是低附加值的产品，长途运输在很大程度上增加了采购成本，甚至超过了货物本身的价值。

比如，手机或计算机所需的精密配件对精准度要求非常高，而品牌商为节省成本可能将电器元件生产业务分布到世界各大加工地区，生产完毕后再统一进行组装，而这些电器元件从供应商到集中组装，无疑需要耗费时间，增加采购成本。

所以，有的品牌商邀请物料供应商将其生产基地放在一个工业园区内，这样可以根据生产任务提高库存利用率，实现零运输，大大缩短交货期，也真正减少了采购成本。

2．供货地点

供货地点指的是采购方对供应商放置商品货物所划归的指定区域或范围，供货地点由采购方指定。

杨某是安徽合肥某服装加工公司的采购副经理，主要负责布料进货业务。他每一次和供应商签订采购合同时，都会按照要求对交货期、交货地点、交货时间以及方式进行详细约定，最近的一次采购合同的主要内容是这样的。

1．供货方案说明

（1）交货地点：由甲方（杨某所在公司）指定，即安徽合肥瑶海区某仓库一区 18 号。

（2）交货时间：自合同签订后 30 日内交货，最晚不得超过 2017 年 5 月 12 日。

（3）运输条件：专车汽运，运费由甲方承担。

（4）交货方式：设备到达指定仓库后，经甲方负责人检验合格方可交货。

2．验收标准

（1）质量验收方式：按照国家标准、行业规程或其他相关标准进行产品验收；按照企业产品说明书进行产品验收。

（2）数量验收方式：按合同要求及装箱清单、产品清单与产品组件三者一致，并且随附产品说明书、产品出厂合格证，确认无误后，由甲乙双方交接人签字盖章。

以上内容是杨某签订的采购合同的部分内容，可以看出，合同的基础内容中必须包括交货期、交货地点。另外，采购人员还应注意，在必要时要对这些基础信息进行补充说明，以免自己的权益受到损失，降低潜在风险和采购成本。另外，采购方和供应商最为关心的付款期又该如何确定呢？

3．付款期

付款期指的是采购方向供应商按照约定交付钱款的日期，如果是一次性交易，则多采用钱款两清的付款形式，即一手交钱一手交货。当然，实际的采购活动中的货款交易更为复杂，采购方可以根据实际情况选择付款期。

另外，根据国家的相关规定，原则上不允许延迟付款，但在实际的采购活动中，可能由于多种原因，比如采购资金不到位、资金周转困难，采购方无法及时付款。所以要以延迟付款的方式增加企业资金周转灵活性，减轻资金压力，这要采购方与供应商共同协商。当然，公司不应频繁延迟付款，否则容易失去供应商的信任，增加合作难度。

小提示： 采购人员要想降低采购成本就要从采购和供货的各个环节入手，把握细节，保证公司供应链的正常运转。

4.1.4　成本价格分析和谈判能力

价格成本指的是同种商品或服务的所有经营者生产经营或提供某商品或服

务的社会平均合理费用支出。采购成本不仅由货物本身的价值所决定，更重要的是看采购人员对价格成本的分析是否到位，以及由此衍生的谈判能力。

我们常常会遇到不同的供应商给出不同的报价，这时，作为采购人员就要仔细分析这些价格以及成本差异的原因，并据此为谈判出发点，提升采购方的谈判能力和谈判优势，如图 4-3 所示。

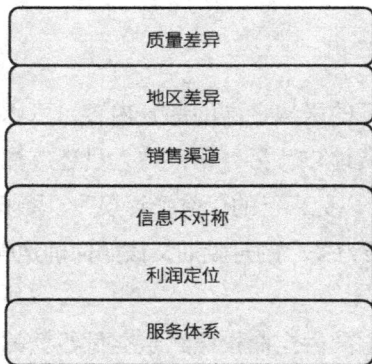

图 4-3　采购价格和成本差异的原因

1．质量差异

采购同一批次的货物，不同的供应商给出不同的报价，很大原因就是质量差异导致的成本价格差异。通常情况下，因货物的采购标准模糊，难以准确界定货物的质量，而货物的质量参差不齐会给成本价格的分析带来难度，这也是采购人员需要慎重对待的问题。

有的供应商给出的货物成本价格非常高，并且有自卖自夸之嫌，理由是自家的产品质量绝对可靠，这就要采购人员仔细甄别。

2．地区差异

同一个产品会由于地区差异导致成本价格也不同，供应商也会根据客户所在地的差异和特点给出不同的报价，企业的采购人员需要多方查询，才能做到心中有数。

3．销售渠道

销售渠道不同，成本价格也会有很大不同，比如，同样一瓶矿泉水，高档商场的价格要比小区便利店高出一倍甚至更多。这就是销售渠道导致同一产品的成本价格不同，更准确地说，销售环境会提升产品的身价。

4. 信息不对称

即使在信息化时代，网络的传播与应用为人们的工作提供了很大便利，但仍然会有信息不对称的情况发生。

春季是南方地区的采茶高峰期，采购员小甄到南方某地采茶园采购茶叶，当地的供应商说，现在春茶紧俏，要赶紧下单。

在洽谈的 3 天时间中，东北地区的小甄看到确实有不少采购员或经理陆陆续续来到该地区，和当地供应商商谈价格。于是，向老板报告，这里的茶源紧俏，要赶紧入手，当天下午就签订了采购合同。

但是，小甄在返回的火车上和同行的人聊天才知道，距离该地区不到 100 千米的某山区，茶业价格非常低，品质好且茶源充足。而且，该山区去年修通了公路，交通便利了不少，只是由于刚刚开通，所以知道的人并不多，听到此消息，小甄一路上懊恼不已。

5. 利润定位

所有的供应商都希望自己能够赚取更多利润，所以都希望给采购人员的价格更高一些，但不同的供应商其利润定位是不一样的。有些初创期的供应商，以生存和客户为第一要务，不会漫天要价；而处于急速成长期的供应商，要想获得更好发展就要追求高利润，如果产品没有太大的市场优势，只能在价格方面下功夫。

6. 服务体系

成本不仅包括货物的生产运营费用，也包括服务体系在内所产生的成本，服务体系越完整、越人性化，其成本价格往往也越高。比如，供应商在为采购方提供产品的同时，会提供配套服务，不同的服务有不同的价格，最终的采购成本也会不同。

以上 6 点简要分析了采购价格以及成本差异化的原因，重点是从供应商与采购方的角度来解读。其实，在成本价格分析中，采购方本身的公司运营成本也会在很大程度上影响采购成本，包括运营成本、人事成本、供应链投入以及宣传投放等。

那成本价格和谈判能力如何挂钩呢？如果采购人员的谈判能力强，自然可以以较优惠的价格采购货物，具体来说，需要采购人员巧用这些成本差异的原因，增强自己的谈判能力和筹码。

最重要的就是做好充分的准备——知己知彼，百战百胜，这是谈判成功的先决条件。因此，采购人员需要针对采购的货物、各个供应商、市场价格、供求状况等情况搜集资料，并做详细的分析。

比如，针对地区差异造成的采购成本价格不同的情况，采购人员可以从多个地区查询货物价格，初步确定在该地区采购的成本，并做出优劣分析。在谈判过程中，采购人员的心态素质非常关键，因为采购方与供应商势必会在货物价格以及成本等方面产生分歧，这时，需要采购人员用稳定的心态去面对，最好将争议转化为一致。

小提示：采购人员的谈判能力一方面来自对采购以及供应商信息的掌握程度，另一方面来自谈判经验的积累，经验的积累对提升谈判心理素质有很大帮助，采购人员需要对内部和外部的各个因素进行全面考量和分析。

4.1.5 自然灾害等意外因素

毫无疑问，自然灾害等意外因素会对采购成本造成一定影响，不可抗力的意外因素一旦发生，往往会增加采购成本，甚至在特定时空条件内成为影响采购的主流因素。所以，作为采购方，要尽可能避免或减少因自然灾害等意外因素对采购成本造成的负面影响。

某年4月中上旬，安徽及江浙一带多处产茶区突遭霜冻灾害，由于正值采茶期，新茶品质和数量均受损严重。而在云南等西南地区的产茶区则由于连续干旱，茶叶持续减产。所以，由于自然灾害的意外因素，新茶茶源收购受到了比较大的影响，直接推高了茶叶采购的成本。

看到此趋势，再结合多年的茶叶采购经验，茶叶采购员肖某在安徽某地的产茶区紧急采购了一批新茶，尽管价格比往年高出 5%。但肖某认为，要抓紧时间采购茶叶，否则，茶叶价格还会上涨。果然，在肖某签订采购合同之后的第三天，又一场强冷空气席卷该产茶区，第二天茶叶价格又上涨了不少。肖某感慨幸好自己出手得早，而老板对此也十分满意，认为肖某的采购能力确实不错。

> **小提示：** 自然灾害等意外因素对采购成本的影响具有很强的不确定性，但往往都是以负面影响为主，所以，采购人员要考虑这些意外因素可能对采购造成的影响，及早制定应急预警方案，一旦发生意外情况，可以及时启动预案，以有效规避风险。

4.2　如何从公司内部降低采购成本

公司要想真正地降低采购成本，最直接的方式是从内部着手，使用多种办法降低成本，提高效率。比如，运用物料 ABC 法，按货币价值的高低来控制成本；运用目标成本法，以市场为导向，提前降低成本；通过集权采购降低选择风险和时间成本；招标采购则是一次性从中择优选取交易对象；按需采购可避免采购过多或不足。这 5 种方法从不同方面入手，多措并举，可有效降低采购成本。

4.2.1　ABC 分类法：按货币价值高低控制成本

ABC 分类法由意大利经济学家菲尔弗雷多·帕累托（Vilfredo Pareto）首创，以事物在经济、技术方面的特性为依据，按其重点性的主次顺序，将事物分成 ABC 3 类，所以称之为 ABC 分类法。

后来，管理学家戴克（H. F. Dickie）在 20 个世纪 50 年代将其应用于库存管理，命名为 ABC 法。1951—1956 年，约瑟夫·朱兰（Joseph Juran）将 ABC 法引入质量管理，用于质量问题的分析，并称之为排列图。1963 年，彼得·德鲁克（Peter Drucker）将这一方法推广到全部社会现象，使 ABC 法成为企业提高效益普遍应用的管理方法。

　　ABC 分类法是将物料按照货币价值的高低进行排列。A 类物品的品种占比为 10% 左右，但其所占金额比例高达 70%，在管理方面，需要对此类物品进行严格管理与重点跟踪；C 类物品的品种占比约 70%，但其金额占有比例低至 5%，此类物品属于品种繁多、价值不高的物资，可以对其实行放宽控制与管理；B 类物品则介于 A 类和 C 类之间，所占品种和金额的比例在较为匹配的情形下，采取正常控制的方式即可。关于 A 类、B 类、C 类物品的分类原则可以参考图 4-4。

涉及方面	具体内容
控制程度	A类：尽可能严加控制
	B类：正常控制
	C类：最简便的控制
优先级	A类：在一切活动中给予最高优先级
	B类：正常的处理，仅在关键时给予高优等级
	C类：给予最低的优先级

图 4-4　ABC 分类法的原则

　　当公司内部所面对的物料品种繁多、货币价值层次多、库存量差异明显时，A 类、B 类、C 分类法可以帮助公司处理好物料的主次关系，对物料进行有效控制和管理。

　　采购人员可以在物料的采购当中运用 A 类、B 类、C 分类法，按货币价值高低控制成本。将货币价值最高的物品按 A 类物料管理，对价值低的 C 类物料仅进行例行控制管理，对介于中间的 B 类物料的重视度稍弱于 A 类、强于 C 类。

　　以上是对 A 类、B 类、C 分类法的理论性了解，从更深层次看，A 类、B 类、C 分类法具有特殊的规律。

　　万事万物，看似复杂，实际上都存在着"关键的少数和一般的多数"的关系，特别是面对复杂的事物时，仓库的物料品种多而杂，采购人员想要采购甲种物料，但领导又催促赶紧采购乙类产品，而丙类物料又存在库存积压。面对看似无从下手的采购情况，采购人员可以将有限的力量用于重点解决具有决定性影响的少数物料，即 A 类，同时，对于一般的 B 类和 C 类物料在采购时也要适度投入精力。这就是 A 类、B 类、C 分类法所强调的对 A 类物料的严格管理。

当采购人员打算购进某批物料时，要提前对现有库存运用 A 类、B 类、C 分类法进行分析，调查企业库存状况，根据分析结果指导具体的采购工作。A 类、B 类、C 分类法的工作步骤可以细分为以下 4 步。

第一步，收集数据。对库存数据进行全面整理，包括各个物料的年度数据、商品单价、现有库存情况等，对物料的数据收集得越详细越好，比如，具体到计算每种物料的单价、销售额、供求现状等。

第二步，列出表格。针对已有数据，将每一类物料的相关信息按照货币价值列成表格，特别是数据信息，如销售额、品种数量等，应统计具体内容，采购人员可以根据实际情况确定。

第三步，绘制 A 类、B 类、C 分类表。比如，按照销售额的大小，由高到低对所有物料进行排列，对原始数据和统计数据进行汇总，并填入物料的相关销售情况，然后计算百分比。比如，按单位时间段内的累积销售额进行排列，前 70% 归入 A 类，后 20% 为 B 类，剩余的为 C 类；也可以按占用物资金额的多少进行排序，确定 ABC 类物料。采购人员可以根据实际情况进行具体分类。

第四步，根据结果进行管理。根据得出的分类结果绘制 A 类、B 类、C 分类表，再制定不同的采购和管理策略。

以上步骤是针对可以进行量化分类统计的物料的，如果无法直接用统计方法进行分类，那采购人员就要结合公司目标要求以及个人采购和物料工作管理经验，对物料进行分类。无论哪种方法，最终目的都是降低采购成本，保证供应链的正常运作。

在形成 A 类、B 类、C 类物料结果图表以后，采购人员就可以按照图表对采购物料进行综合管理，该采购哪些物料，采购多少，如何与库管人员对接，都是具体执行层的操作了，这里不再过多赘述。

> **小提示**：采购人员要知道，对物料进行 A 类、B 类、C 分类，就是将物料分为"三六九等"。对 A 类物料进行严格管理，对于采购量、采购日期、资金使用等都要严格管理和记录；对 C 类物料，可以适当地增加每次订货数量，减少全年的订货次数；对 B 类物料，提前做好采购规划，定期检查即可。

4.2.2 目标成本法：以市场为导向，提前降低成本

目标成本法是一种以市场为导向，对有独立的制造过程的产品进行利润计划和成本管理的方法，因为在产品的设计和研发阶段就要设计好成本，所以其好处是可提前降低成本，而不是在过程之中降低成本。

目标成本法最早是由日本的制造业所创立的一种成本管理方法，目标成本法以给定的竞争价格为基础来决定产品的成本，以保证实现预期的利润。简单来说，就是首先确定客户会为产品或服务付出多少钱，然后再倒推来设计产生期望利润水平的产品或服务以及相应的运营流程。

目标成本法使成本管理从传统的"目标利润=销售价格-成本"转变为"收入-利润贡献=目标成本"，即提前设定好收入与利润，得出目标成本，再按照目标成本进行产品管理。目标成本法在实际操作过程中，包括成本企划和成本改善两个阶段。

综合来说，在实际的成本管理与执行过程中，目标成本法可以分解为3个环节：第一，确定目标，层层分解；第二，实施目标，监控考绩；第三，评定目标，奖惩兑现。

通过目标成本法中的核心环节，再结合采购工作的特征，采购人员需要在正式采购前，即制定好采购的目标以及成本核算，用目标倒推采购活动，以确保采购成本在计划目标成本之内，或等于已制定的目标成本。特别是在资源整合型的行业，目标成本中的采购活动需要根据利润来倒推采购目标和采购活动。

因为资源整合型的行业所面对的采购活动往往非常复杂，采购一项物料可能会涉及多个方面，要想从中降低成本，就要从一开始即制定相应的采购成本，以降低总成本。

河北张家口某中型建筑公司承包了一个地产项目，需要采购一批建材产品，经过商议，公司决定采用目标成本的方法，力求从公司内部降低采购成本。从制定预算开始，提前对采购建材所需成本进行核算。

比如，这批建材中的一小部分需要从生产厂家提到工地现场，公司经过协商，将其与另一批物料装进同一辆货运卡车中。同时，受另一批物料的影响，该建材到达工地的时间虽然比原定计划晚了一天，但并没有影响整体工程进展，

还节省了单独拉运的成本。

另外，在与供应商的合作当中，该公司也采用目标成本管理的方法，将 3 大供应商的采购物资进行整体规划，需要的物料要确保按时、按质、按地点送达，可以合并的物料就由一家供应商运送，以减少运输成本，提高运输效率。

对其他非主要供应商，该公司采用公开竞标的方式，利用供应商之间的竞争来压低物资价格，帮助公司以最低的价格采购所需的建筑物料。为加强对供应商的管理，降低采购成本，该建筑公司除运用公开招标外，还对各个供应商进行了严格的绩效管理，以评价供应商在合作期间的供货行为。

对供应商的供货行为进行考量和评定，以结果为指导，确定增大或减少供应份额、延长或缩短合作时间，促使供应商改善供货行为，降低建筑项目的总成本。最终，经过核算，该公司的建筑成本总体下降了 5%，部分建材成本下降高达 10%，而且该公司还积累了不少降低成本的有效经验，这点比直接的经济成本下降更值得关注。

目标成本法就是将各个相关因素放到市场中进行综合考量，在过程开始前和开始期间提前预见问题，以降低成本。当然，以目标成本法对采购活动甚至整个公司的运营进行管理，不仅仅是追求成本的下降，还要考虑到各相关利益体——单独降低某项成本，不考虑其他方面，实际上也不是目标成本的核心之义。

> **小提示：** 无论是采购人员还是公司领导者，都要坚持全流程的目标成本管理理念，以整个项目的管理为出发点，制定目标成本下降的战略和操作指导。在目标成本法的管理下，有的采购物料成本下降了，但也有的成本上升了，对此我们需要从总体上看待该方法对实际采购过程的优化。

4.2.3　集权采购：集中采购，降低选择风险和时间成本

集权采购，就是通过把采购权与有需求的较低层级部门剥离开来，以强化较高层级部门对于较低层级部门的监督与控制，这其实体现了一定程度的家长

制特征。

集权采购的直接好处就是降低了选择风险和时间成本。比如，在一些公司或集团中，除了一般物料由分公司采购外，一些大型或大批量物料都由公司总部负责采购，这也是一般意义上的集权采购。在实际的运行过程中，公司也是按照集权采购的思想，统一由总公司负责采购，再分发或分配到各公司或各部门，节省了决策时间和沟通成本。

世界零售巨头沃尔玛在华的运营机制就是中央集权式的总部直管模式，由总部统一管理各大供应商，此外，商品进场和定价、促销谈判等都由大区总部掌控。在实际运行过程中，沃尔玛将采购人员聚集在一起，集中做出采购决策，这一模式使得沃尔玛的供应商数量减少，有利于沃尔玛降低采购成本。

集权采购在实际的操作过程中，主要有 3 种应用模式，分别是集中定价、集中订货、集中付款。具体说来，是集中定价、分开采购；集中订货、分开收货、分开付款；集中订货、分开收货、集中付款；集中采购后调拨。将定价、订货以及付款等环节采用集中模式完成采购活动。有的公司可能同时有多种采购模式。

以集中订货、分开收货、集中付款的采购模式为例，其运作流程基本是，首先由公司的分支机构提出采购申请，递交物料单，总部集团进行汇总、调整；然后，由集团总部采购部门负责与供应商洽谈，确定采购物料和价格等采购事宜，并且负责集中订货工作；最后，根据采购结果分发物料，分支机构根据收货通知单或采购订单进行收货及入库。

集权采购后调拨模式则是由公司总部或采购部门负责管理供应商及制定采购价格等采购决策，并且负责采购订货工作。分公司递交物料申请表，由公司总部进行汇总、整理，制定采购清单，在采购成功以后，收货、验货、入库、货款结算。总公司完成采购活动以后，根据申请清单进行调拨，再根据调拨情况进行入库处理，最后进行内部核算。

北京某集团是一家大型国际集团，下属的分公司多达 10 余家。在采购方面，各分公司虽然有共同需求，但由于存在时间差，每次集中采购前半个月，集团总部的采购部门人员都要统计各个子公司的采购需求，以计算总量，再根据这个总量向供应商提出采购需求。

例如，本月底，集团总部向各大供应商提出 800 万元的采购需求，并且以该体量获取供应商的某些优惠条件。事实上，该集团虽然名义上属于集中采购，但各分公司往往由于各种原因未能及时将采购需求上报集团，比如，应该本月的 10—15 日向集团总部采购部门递交申请采购清单，但到了 18 日某分公司才发现还需要一项物料，但已经来不及，而这时分公司就有权限自主寻找采购商，特别是物料需求量不大时。

所以，这就造成了内部的价格战，供应商也是看集团与分公司的报价，再给出底价，这也直接导致集团在采购方面的投入至少多出 1%，采购成本也因此上涨了近百万元。为解决这一难题，集团将采购权限收归集团总部，由集团任命采购事业部经理统一负责，各分公司仅留有采购跟单的权限，经过半年时间的调整和运行，该集团的采购成本节省了近 200 万元。

从案例中可以看出，集团总部的集权采购确实带来了成本的降低，避免了企业内部之间的采购价格战。而且，集权采购的优势也非常明显：第一，降低了采购费用，以集中采购和运输减少单独采购的费用；第二，集权采购可以向供应商争取最优惠的价格，降低物料成本；第三，减少间接费用，因为集权采购可以降低风险和时间成本。

当然，这并不是说集权采购的模式非常完美，它也有自身的局限性——集权采购处理不当会引发公司相关部门的利益矛盾。比如，子公司或分部会认为分散采购可以加大自主权限，灵活采购；集权采购往往有时间差，要上报统计，整理和审核，容易与供应商发生矛盾，特别是中小型供应商，无法适应大订单。当然，企业分部门员工也希望在小批量的采购方面有一定自主权限。

> **小提示**：是否采取集权采购的模式，是只采用此方法或者与其他采购模式相结合，还是要根据公司以及采购的具体情况来确定，总之，目的是从公司内部着手降低采购成本。

4.2.4　招标采购：一次性从中择优选择交易对象

招标采购指的是采购方作为招标方，事先提出采购的条件和要求，邀请投标人，也就是潜在供应商参加投标，然后由采购方按照规定的程序和标准一次性从中择优选择交易对象，并提出最有利的条件和投标方签订协议等过程。整个过程要求公开、公正和择优。

招标采购可分为竞争性采购和限制性招标采购，两者的基本做法类似，主要区别是招标的范围不同，竞争性采购是向整个社会公开招标，而限制性招标采购则是在选定的若干供应商中招标，其他方面基本相同。招标采购是政府采购最常用的方式之一。

一个完整的竞争性招标采购过程由招标人、招标准备、投标、开标、投标人、决标、签订合同、评标等流程组成，如图 4-5 所示。

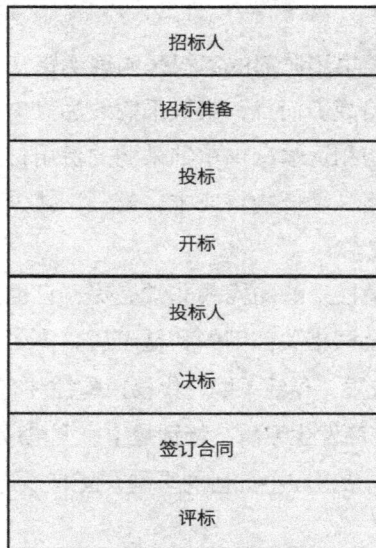

图 4-5　招标采购的主要流程

在第 1 章的采购模式部分，已提过招标采购的相关模式，这里不再赘述。

招标采购的目标是通过招标方式确定合适的供应商，并一次性从中择优选择交易对象，进而降低采购成本。当然，招标采购也是当前很多集团与公司常用的采购方式。

河南某招标代理机构为一家建材公司组织工程项目公开招标活动，截至投标时间前，共有 4 家企业购买了招标文件。

根据招标文件的要求，投标供应商需在购买招标文件前缴纳不超过项目概算 1% 的投标保证金 4 万元，这 4 家供应商均按规定交纳了费用。但是在开标前夕，这 4 家已经打算投标的企业中的甲公司却临时通知招标代理机构，自己不参加此项工程项目投标了。

对此，招标代理机构负责人非常生气，认为甲企业在开标前才告知不参与投标，而该机构已经将所有的开标工作准备就绪。评标专家、投标的其他 3 家企业已经递交了投标文件，有一家公司还专门从外地派专人送过来参与投标，招标代理机构已经预交了部分服务费用。

招标文件规定，此项招标项目至少要有 4 家企业参与投放，方可开标，但甲公司的临时退出让投标工作不得不终止。这对招标代理机构、建材公司以及其他当事人造成了实际损害，所以，对甲公司预交的 4 万元投标保证金，该机构决定不予退还。而甲公司对此表示不满，认为是否参加投标活动是投标人的权利，招标代理机构无权干涉。双方争执不下，遂向监管部门投诉。

从这个案例中可以看出，招标采购有自身的优势，但在实际的运用过程中也会出现一定的失败案例，我们要从公司的角度吸取教训，对可能发生的意外情况制定应急预警方案。如果公司想要通过招标采购降低采购成本，就要从打算招标开始，关注每一个细节。作为招标者，公司要了解招标采购的基本要点。

1. 程序合理规范

公司组织任何的招标采购活动，程序都要合理规范，从招标的准备到过程再到执行，每个环节都要有严格的规则，按照规则执行，招标公司和投标者均不可随意更改规则。

2. 招标书、投标文件

招标准备中最重要的两项工作就是准备招标书，发布投标资格预审通告。招标书是潜在供应商参与投标、采购方评标和签订合同的共同依据，参与招标的供应商应按照要求填写招标书。发布投标资格预审通告，可以在开标前避免不符合资格的企业投标，减少不必要的开支，降低成本。

3．基本原则

集团或公司举行招标采购的过程中，要遵守公开、公平、公正的基本原则，向社会公开招标内容，在招标文件中明示拟采购的货物、工程或服务的技术规格，评价和比较投标文件以及选定中标者的标准；确定最终的中标人前，招标公司与投标人不得开展实质性谈判，以示对其他投标者公平。

4．执行中标结果

在签订合同以后，招标公司要执行中标结果，与中标的供应商按照合同规定展开合作。以合同中报价为依据，拒绝投标人讨价还价的要求，招标公司要维护自己的利益。

> **小提示：** 招标采购是一次性从多个投标人（公司）中择优选择交易对象，一旦中标，投标公司就要与中标企业开展合作。招标公司要想真正降低采购成本，就要让所有符合条件的投标人充分竞争，从各方面进行考量，选择最优创作对象。

4.2.5　按需订货：按需采购，避免采购过多或不足

按需订货指根据实际的物料需求开展采购活动，避免采购过多或不足。按需采购强调的是对关键要素的整合与利用，比如，供应商、价格、数量、产品以及售后服务等，追求在正确的时间做正确的事情，让物料既不多余也不短缺。

西安某企业实行的是集权采购与部门自主采购相结合的模式，大宗货物使用集权采购，而小批量物料则采用自主采购。同时，自主采购以按需采购为主，采购总价在1万元以下的物料，由采购经理上报部门主管，经批示以后即可采购，但要在公司指定的供应商中选择。

比如，对复印纸的采购，按规定每个月采购一次，但是到月底还剩余10%～15%的复印纸未用。采购经理看到此情况，认为可以减少复印纸的采购，多次少量，即每个月少采购一些，让员工懂得节约纸张，避免浪费。

总体来说，按需采购比较适用小批量的物料，可以随时采购，价格波动也比较小，但对于小批量的采购，供应商常常会因为成本问题而拒绝提供。这时，采购经理可以寻找固定的供应商，签订长期的供货协议，但前提是其产品质量和价格都有保证、可信赖。

固定供应商的采购方式也适用于涉及产品核心技术的关键原材料的采购，其风险在于对供应商的依赖性比较强，随意更换会影响整个供应链的正常运转。

从节省成本的角度看，按需订货的采购方式根据所需物料的数量来确定采购活动，减少了不必要的中间环节，降低了采购成本。小额物料可以使用该采购方式，对于数量不多且总价值不太高的物料，可以由采购部门直接采购，需要多少，直接申请多少即可。

另外，采购频率低的物料也可以按需订货，因为此类物料一旦采购就可以使用较长时间，所以最好按需订货，既不会因为采购数量多而造成浪费，也不会因为采购不足而影响供应链运转。

从总体来说，但凡需要采购的好像都是需要的物料，那是不是都要满足呢？当然不是，公司的采购人员要看对于公司的正常运转来说，这项物料是否真的需要。

> **小提示**：如果真的需要采购，一定要制定详细的采购清单，如果暂时可以不用采购，则可以搁置。按需订购，既不影响正常生产，还能节省成本，这才是按需订货的本义。

4.3　如何从供应商着手降低采购成本

想要实现采购的低成本运营，很重要的一个着手点就是供应商——采购人员要想办法从供应商着手以降低采购成本，最基本的就是挤掉其报价的水分。当然，这也要讲求一定技巧，比如，如何判断供应商是否恶意报价，如何找出供应商的报价依据，如何估算供应商的成本等。从供应商以及报价这两个核心点入手，全面分析，力求降低采购成本。

4.3.1　供应商报价的水分在哪里

有些采购人员实际上心中并没有对要采购的物料具备特别清晰的认识，所以会造成这种现象：无论供应商的报价是多少，采购人员都直接回应"这么贵！""物料价这么高？我不买你的了！"当供应商按照采购人员认为的"理想价格"降价时，采购人员又会认为"竟然答应我提的价，会不会在蒙我？"

供应商无论是报价还是降价，都无法取得采购人员的信任，这就说明采购人员对所要购入的物料的真实情况并不是很清楚，只是一味地想让供应商降价。所以，采购人员要想真正挤出供应商报价当中的水分，自己首先要对物料的价格有所了解，最好是熟悉，这样至少可以保证与供应商谈价时心中有数。

而事实上，有些采购人员对要采购的物料并不是非常熟悉，所以，常常盲目使用压价手段，比如，故意将价格压得很低，迫使供应商挤掉价格水分，或者以"不能突破预算"为由并抓住供应商急于成交的心理，挤掉价格水分。这种招数对"生手"型供应商可能还算有用。但如果供应商很有经验，估计很难被这些理由驱动。那该怎么办呢？

要想真正挤掉供应商报价中的水分，就要从价格的真实性和合理性入手。真实性是指对供应商的报价进行核实，看其是否真实，但真实不一定代表合理，所以采购人员还必须了解市场行情，从侧面判断供应商的报价是否合理。

那么，如何判断供应商报价的真实性呢？要证明这个问题，采购人员需要取得供应商的配合，一般来说，供应商按照采购方要求制作的产品，也就是非标品，都必须进行核价。

核价时，采购人员需要从成本结构入手，包括原材料、人工、制造成本、财务成本、管理费用、销售成本等，一一进行核实，综合判断供应商的报价是否真实。有采购人员也许会问，供应商怎么可能将这些重要的数据公开给采购人员呢？

实际上，这要看采购方与供应商之间的关系，如果是战略合作伙伴的关系，需要密切配合、风险共担，这样采购人员比较容易拿到供应商的核价。在日本的汽车行业中，像丰田这样的企业是支持采购与供应商核价的。

接下来，采购人员如何判断供应商报价的合理性呢？这还要要求采购人员对市场行情和行业实况有所了解，把握物料所在市场的内在运行规律、价格形成机制、成本驱动因素等，从综合方面考虑供应商报价的合理性。

此外，我们还要了解物料的最低成本问题，也就是在保证质量的前提下，生产该货物的最低成本，再结合市场行情，判断其合理性。

如果掌握了供应商报价中的水分，采购人员就要在谈价过程中引导供应商退步，给出较为实在的价格，这样双方才能达成合作。

4.3.2 如何判断供应商是否恶意报价

采购人员必须面对的关键问题就是如何判断供应商是否在恶意报价。

对采购人员来说，如果不清楚物料成本，也不知道从哪些方面入手评价供应商给出的报价单，只是单纯地以为供应商的报价有水分，需要挤出去，这种想法是比较单一化的，要想真正拿到实惠又合理的价格，还要看供应商是否存在恶意报价行为。

为什么有的供应商会恶意报价呢？比如，某物料的市场均价为 5 000 元 / 吨，而某个供应商的报价却是 3 500 元 / 吨，为什么会有如此低的价格？有的供应商之所以报出如此低的价格，是看重了采购人员对低价的追求，"你想要低价，我就满足你，给你个足够低的价格，但物料的质量就无法保证了"，或者在达成交易后以各种理由推脱。所以，采购人员不仅要追求降低采购成本，更要对供应商的报价持谨慎态度，小心求证。

为了避免单纯追求低价而导致供应商恶意报低价，采购人员要正视物料与供应商之间的关系。我们可以从两方面入手，看供应商是否为恶意报价，第一是标准成本，第二是变动成本。

在这里，标准成本指的是必要成本，是理想的情况下可以实现的最佳成本，也是正常情况下的成本，比如，某物料的正常生产成本是 10 元 / 个，而某供应商的报价却是 7 元 / 个，按照正常成本来算，供应商以如此价格出售是要赔本的。这时，采购人员就要仔细考察，供应商的成本是如何得出的。具体来说，有两种小技巧。

1. 比较分析

将两个或两个以上的供应商对同一物料的报价进行比较，仔细分析，以辨别供应商是否存在恶意报价嫌疑。比如，3 家供应商的物料报价均价是 20 元 / 克，而第 4 家供应商却给出了 40 元 / 克的报价，这时就要运用比较分析，看到底为什么会出现如此高的价格。

2．标准分析

根据行业内的平均社会生产时间，看供应商的实际报价是否在该范围内，如果报价过低或过高，可以向供应商求证如此报价的原因，也可以对报价本身进行仔细研究，或向有采购经验的同事或朋友咨询。

变动成本指的是成本的总发生额在相关范围内随着业务量的变动而呈线性变动的成本，直接人工、直接材料都是典型的变动成本，在一定范围内，这些因素随业务量的增减而成正比例关系变动，但单位产品的耗费保持不变。当然，变动成本与固定成本一样，其成本与业务量之间的线性关系也是在一定范围内的，有适用区间。

比如，供应商的报价略高于变动成本，就会产生边际贡献，可以分摊部门固定成本，这样的价格相对比较合理。但如果供应商的报价低于变动成本，就是亏本报价，属于恶意报价。

采购人员除了直接获取供应商的报价外，还要在招标投的过程中，谨防供应商恶意报价。因为一般来说，招标企业会选择报价相对较低的那个供应商成为其合作伙伴，而有的供应商就为了压低自己的报价而恶意报价。

那如何来甄别供应商投标价格的真实性呢？我们可以从产品的类型角度看其成本构成，以此判断供应商是否存在恶意报价，如图 4-6 所示。

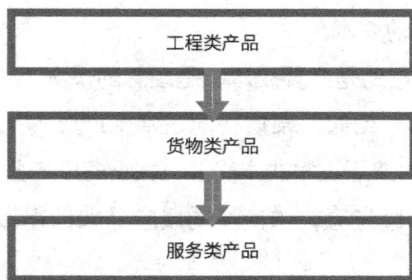

图 4-6　从产品类型评判供应商是否恶意报价

第一类，工程类产品。工程类项目的成本价格主要依据地方出台的建筑工程预算定额标准进行核算。工程类产品的成本主要构成较为简单，可以以"技能＋体力劳动"的方式进行折算。

第二类，货物类产品。货物类产品的成本构成相对复杂，其原因主要有两点：一是货物品类比较多，因此细分项较复杂；二是构成货物的材料有很多，无法按单一成本进行核算。但总体来说，货物类产品的成本有 3 大部分，分别是货物主要原料进价，生产货物的人工成本、管理成本、运输成本，以及售后服务费用。

第三类，服务类产品。服务类产品的成本非常特殊，因为不同服务类型的成本构成不同。例如，物业管理类服务产品的成本由本地最低工资标准、五险一金、税收、管理费以及利润构成；软件设计开发的成本除了物料成本外，还有科研人员的脑力投入，这些要摊派在产品的成本价中。个中情况各有不同，采购人员要针对采购的产品类型进行仔细分析。

> **小提示**：判断供应商是否为恶意报价要具体问题具体分析，从采购货物的成本价算起，与供应商的报价进行核对，向供应商询问报价的依据，再从供应商的生产成本以及产品类型进行具体分析，综合判断这样的报价对供应商而言是否有利可图，是否为恶意报价。

4.3.3　如何找出供应商的报价依据

供应商的报价依据是什么？为什么这个物料给出这样的报价？是根据成本报价还是其他？采购人员需要找出这些问题的答案，才可能从供应商那里取得更低、更真实的报价。那采购人员可以从哪些方面入手找出供应商的报价依据呢？如图 4-7 所示。

1. 依据成本报价

物料的成本掺杂了多项成本内容，除原材料成本外，还有其他成本。总体来说，包含在物料之中的成本主要有 5 项，分别是原材料及设备使用成本、人工成本、物料加工机械使用成本、管理成本，以及各项手续费用成本，包括业务活动费、保险费、税金、工程维修费、投标费用等。

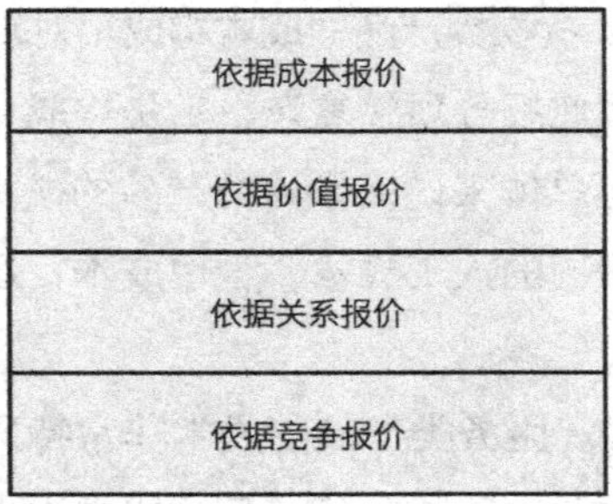

图 4-7　供应商的报价依据

其中，管理成本受主观因素影响较大，如果供应商的管理团队高效务实，那摊派在物料中的成本也会降低不少。由此可以看出，在对供应商报价进行核实的过程中，供应商本身的管理经验也是考察的一部分。

2．依据价值报价

如果供应商是依据价值成本报价的，那就要看物料本身的现有经济价值和使用价值。比如，某公司想要进购一批二手车供内部流通使用，该公司的采购人员到二手车市场找到了 1 家供应商，对方的报价就是以二手车的现有价值作为报价依据，出价 8 万元 / 辆，但综合来看，采购人员认为应该降价 1 万元 / 辆，并且根据该二手车的原有价格加上目前已使用的状况，其价值已经远低于新车价值。

从实际来看，二手车都有使用记录，无论是性能、品质和寿命都有所下降，所以，其本身价值和价格已经无法与新车媲美，这时，如果供应商的报价明显高出二手车本身的价值，采购人员当然需要砍价。

3．依据关系报价

这里的关系更多地侧重于供应商与采购人员所在公司或集团的关系，比如，供应商与采购公司是战略合作伙伴的关系，其物料采购的相关信息都是共享的，在这种情况下，供应商给出的报价往往是成本价基础上的友情价格，毕竟双方的风险是要共担的，供应商报价虚高的话，对其本身也会不利。

但如果不是战略合作伙伴关系，而是初次合作呢？这时采购人员与供应商之间建立的友情关系就可以发挥一定作用。如果采购人员和供应商负责人相互信任，那就很有可能使供应商给出个友情价，为日后可能开展的长期合作打下基础。

4. 依据竞争报价

这里的竞争侧重于供应商之间的竞争，供应商可以依据竞争对手的报价，在自己的能力范围内给采购人员报价。例如，供应商甲和乙都想成为某公司的合作伙伴，这时甲供应商给出的报价是 15.23 元 / 千克，而乙供应商在得知这个报价后，由之前的 16.53 元 / 千克的报价主动降至 15.07 元 / 千克。这时，在其他条件相同的前提下，采购人员可以选择乙供应商的报价。

以上 4 点简单列举了供应商的报价依据，事实上，供应商给出什么样的价格，往往是综合考虑的结果，成本和价值是其报价的基础，关系和竞争则是报价的辅助因素，四者不是互相排斥，而是互相影响又可独立的关系。

> **小提示：** 采购人员要对上述因素综合考虑，找出供应商的报价依据，再根据实际情况做出采购决策，争取到比较低的价格，以降低采购成本。

4.3.4　如何估算供应商的成本

无论供应商给出什么样的报价，都要有一定的依据，而其中最重要的依据就是物料的成本。所以，采购人员在得到供应商的报价以后，要估算一下供应商的成本，在此基础上判断对方的报价是否存在虚高或恶意报价。

那采购人员该如何估算供应商的物料成本呢？这需要采购人员对产品的成本进行综合分析，毕竟不同的供应商的物料成本计算方式和方法并不相同。也就是说，采购人员要想估算供应商的物料成本，就要根据供应商的生产特点和成本管理，选择不同的成本计算方式。

首先，采购人员要根据供应商的生产类型进行初步估算。

如果是按照生产过程的工艺来划分，可以分为简单生产和复杂生产。简单生产是连续不间断作业，比如采掘工业，其成本就是挖掘设备的投入价值。而复杂生产则由多个步骤组成，且各个步骤间不是连续作业，往往有时间间隔，或者是单独作业。比如，船舶企业会在同一时间在不同的生产线上生产不同的零部件，然后组装完成。也可以按顺序进行，即生产工人按照工艺顺序一步步操作，直到生产出成品，比如，造纸、纺织等。

其次，以供应商的生产组织特点估算生产成本。

关于生产组织特点，有的是单件生产，即一条生产线只生产某个零部件；或者是成批量生产，比如服装厂接收订单以后，按照订单要求组织生产，直到最后一件服装生产完毕，其所消耗的物料、水电费、人工费用等都要算入成本；还有一种大批量生产，需要供应商提供相同品种和规格的产品，比如发电、冶金等，其成本构成以及核算相对比较简单。

再次，按照计算方法估算供应商成本。

如果采购人员以批量方式采购物料，在估算供应商的物料成本时，就要按照生产周期来估算，即从初步投产到最后完工所消耗的各项费用汇总。一般这种估算方式适合单件或小批量多步骤生产的物料。另外，还可以以品种为单位估算成本，这种方式以产品的品种为成本对象，汇总生产费用，以月为期，定期计算产品费用。

最后，采购人员要正确使用成本估算方法。

估算成本必然会涉及各项费用，要想得出比较接近事实的成本价值，采购人员要注意采用正确的成本估算方法。比如，是按原材料还是生产投入估算，期间生产的费用如何计算，产品本身的投入与其他费用如何划清界限。另外，采购人员还要将得出的成本与供应商的报价进行对比，再对比其他供应商的报价，尽可能得出接近事实的成本数据。

小提示：估算供应商的成本是为了更好地以较低价格拿到物料，从而降低采购成本。而以上提供的 4 种思路和方法，采购人员可以根据实际的产品情况选择性使用，也可以混合使用。

第 5 章

采购谈判技巧：争取最大限度地降低采购成本

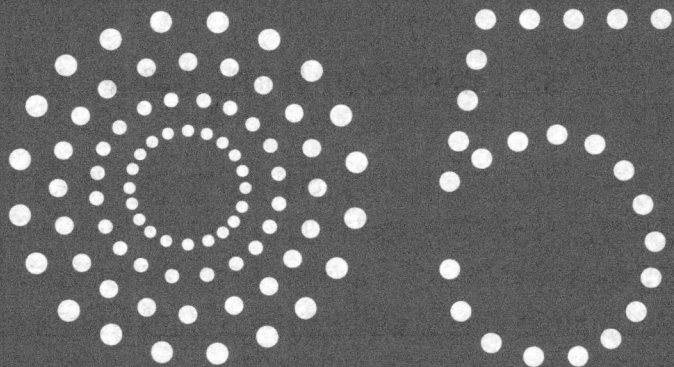

在采购过程中，采购人员与供应商的谈判必不可少，所以，采购人员掌握一定的谈判技巧就非常必要，这样才能为公司争取最大限度地降低采购成本。具体来说，采购人员要从谈判过程的各个方面入手，包括在谈判前充分了解对手，巧妙地识局布局；要掌握谈判技巧，当面对强势的供应商时，运用诀窍各个击破；谈判桌上要视供应商的反应随机应变，打破谈判僵局。本章就以采购谈判技巧为重点，解读采购谈判中的奥秘。

5.1　谈判过程中如何运筹帷幄，识局布局

采购人员在谈判过程中如何运筹帷幄呢？本节将从 4 个方面来阐述：摸清对手底牌，并深藏不露；进退有度，逐步向对方施压；分清主次，聚焦大局；当断则断，拒绝犹豫。这 4 个方面贯穿采购谈判的整个过程，从前期的了解对手，到谈判桌上的进退取舍，都讲求策略和技巧，要会识局布局，将主动权掌握在自己手里。

5.1.1　摸清对手底牌，并深藏不露

摸清对手的底牌，并深藏不露，是谈判过程中运筹帷幄的第一步。作为采购人员，我们要先知道供应商的底牌，才能针对其底牌步步为营，取得主动权。

如果在正式谈判前，采购人员还无法得知供应商确切的底牌，也不要过于着急，我们可以在谈判过程中摸清对手的底牌。在这里，要特别强调两个细节：一个是听，一个是问。正确地"听"和"问"可以帮助我们了解对方的底牌，掌握谈判主动权。我们先来了解一下关于"听"的谈判技巧。

一场精彩的谈判往往是从轻松的聊天开始的，这也是高明的谈判者常常使用的技巧。聊天有两个切入点，一是生活，二是生意。

作为采购人员，面对各种各样的供应商，从生活方面切入往往能快速引导对方进入自己的谈判节奏。比如，讨论最近的天气、时事，或者直接寻问对方的家庭情况等，最重要的是从对方的反馈中听出我们想要的内容。比如，从对待家庭的态度和做法以及想法中，我们可以了解自己所面对的谈判对手是个什么样的人，有什么样的性格，处理问题的思路与特点等。

当然，对生活方面的探讨不宜过深，一方面，对方可能不喜欢陌生人过多地打探自己的生活信息；另一方面，这可能不利于将话题拉回谈判问题上，万一对方对自己的生活细节非常有感悟，因此滔滔不绝，贸然打断又不合适。

关于生意方面的开场寒暄，可以是比较接近谈判的实质性内容，所以，采购人员更要听得认真仔细。这部分的切入点可以从本行业开始，范围大一些，以供谈判对手自由发挥。另外，如果不是初次谈判则可以涉及谈判的边缘性话题，比如，对自身经营活动的评估，对产品以及市场前景的分析等。当对方谈到这些话题时，采购人员要用心去听，听出其中的表层含义和深层含义，以便顺势应对。

在"听"的方面，除了关注对方所谈及的内容外，还要当好一个倾听者，而不是辩论选手，即使对方说的与我们的观点相反，也不要急于论述自己的观点。少说多听，不轻易打断对方，这样才能听出对方隐藏的底牌。

说完了"听"的方面，接下来说一下"问"的内容。相对于开场的寒暄，谈判过程中的提问则需要更多的技巧。在一场谈判中，有效提问可以帮助我们摸清对方的底牌，一个有经验的采购人员可以对自己的提问进行连环设计，让对方按照自己的提问走进自己的"局"。

首先，我们要对提问的问题进行设计，先提问什么，再提问什么，最后提问什么；然后，预估对方可能的回答，以及针对这些回答我们作为采购方又该如何回应；最后，争取摸清对方的底牌。

　　具体来说，可以采用直接提问法或间接提问法，另外还有开放式提问，即让对方自由发挥的问题；暗示型提问则是向对方委婉传递我们的信息，让对方按照我们设计的路线走。

　　当涉及报价等具体问题时，要想办法弄清楚对方的真实想法，比如，采购人员可以试着直接报价，观察供应商的反应；或者让供应商主动报价，想办法挤掉其中的水分。

> **小提示**：谈判的第一步就是摸清对方的底牌，而自己要深藏不露，不急于表现，以便在随后的谈判中掌握主动权。

5.1.2　进退有度，逐步向对方施压

　　采购谈判过程中，采购人员要做到进退有度，逐步向对方施压，直接强硬施压反而容易导致双方谈判破裂。该进则进，该退则退，原则性问题不放松，巧妙运用各种手段逐步向对方施压。

　　无论是什么样的谈判，双方都带有一定压力，这种压力既来自双方对各自目标的追求，也来自时间的压力——双方都想在一定时间段内达成谈判，而谈判僵局又会拖慢整个谈判进程。

　　另外，信息源也是压力来源之一，因为谁掌握的信息多，谁就更接近成功。谈判过程中的身体压力也非常明显，特别是紧张的冲突性谈判很容易使人出现疲劳感，进而导致心理疲劳，希望谈判早点结束。

　　作为采购人员，可以就谈判过程中所产生的压力，巧妙地向对方施压，以达到自己的目的。那作为采购方，可以采取哪些措施向供应商施压呢？如图5-1所示。

1. 强势施压

　　采购谈判中，可以采取强势施压的姿态，降低对方的期望值。例如，在供应商报价的基础上，向供应商"透露"自己的采购预算，同时，也要让供应商相信，自己是优势方，有多家供应商等着供货，而对方的产品可不见得是紧俏货。这样让供应商感受到来自竞争对手的压力，从而在报价上予以退让。

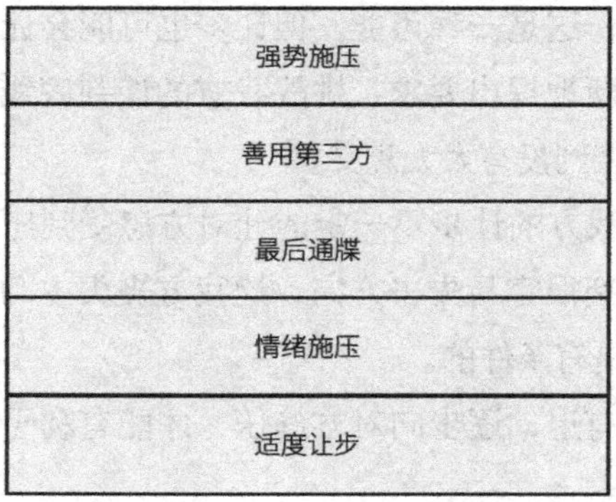

| 强势施压 |
| 善用第三方 |
| 最后通牒 |
| 情绪施压 |
| 适度让步 |

图 5-1　向供应商施压的技巧

2．善用第三方

当采购方与供应商进入谈判过程以后，可能就某些问题难以达成一致，这时，采购人员可以善用第三方刺激供应商让步。比如，广发"英雄帖"，邀请其他供应商参与到供货链条中，或表示公司采用了新工艺，对物料的需求不再强烈，但如果供应商肯让步，合作还是可以进行的。总之，要善用第三方，让供应商感受到压力，当然，施压也要把握好度，不可过于急躁。

3．最后通牒

在谈判进入僵持阶段时，可出其不意，向供应商提出最后通牒，同时，采购人员要表现出坚定、不容商量的态度，用真实的行动反映最后通牒的执行力，比如，从酒店退房，收拾材料准备离开。但是要注意以最后通牒向供应商施压的人必须是谈判团队中的最高领导者，这样说服力最强。

4．情绪施压

或提高音量，怒不可遏；或拂袖而去，气冲冲地离场；或保持沉默，静默施压……这些情绪化的表现也可以成为向对方施压的方式。但前提是我方掌握了对方的某个差错或弱点，即使愤然离开也不是真的放弃谈判，只是让对方感受到我们的决心，特别是针对原则性问题时。

5．适度让步

任何谈判都是双方不断妥协的过程，向对方施压不是永远强势，在适当的时候做出一定的让步，也算是给对方的一种无形的压力，因为我方的让步往往也伴随着对方的妥协，这是一种可能。但让步也可能会让对方认为我方提出的条件有水分，进而不断地提出要求，挑战我方的谈判底线，或者对方认为这样的让步微不足道，对谈判没有太大意义。

也就是说，有时我方的让步不一定能让对方感受到压力，反而让对方更加轻松，这样的话，谈判很容易失去方向，让我方丧失主动权。所以，采购人员要注意，适度让步也是有条件的。

在谈判中要有进有退，逐步向对方施压，才能有利于采购方把握主动权，识局布局。

湖南郴州某服装集团想要租用当地中心商业地段某个大厦的底层商铺，所以，该集团找到该商铺拥有者——某房地产开发集团的商铺项目负责人谈判。

在谈判过程中，双方将焦点聚集在租金方面。由于该地段属于中心商业区，租金确实不低，但租用方的谈判团队经过调研发现，该地段的商铺并没有对方所说的可以日进斗金，因为仅前期的营销投入就非常大，还有日常管理与维护费用，再加上租金，整个运营费用非常高。所以想要对方将之前的租金至少下调10%。

在双方争执不下时，租用方表示如果租金没有任何优惠，那就打算放弃这一租赁项目，并且第二天，该集团的谈判负责人将已经定好的谈判临时改在下午，因为负责人还约见了另一个商铺公司的老板。

听到这个消息，房地产开发集团的商铺项目负责人认为对方可能是真的不打算租用了，虽然自己的商铺在中心地段，但之前的租户的赢利情况确实不太好。最终经过谈判协商，对方答应将租金下调6%，同时合同期内的前3个月免租金。

聪明的采购人员总是能在谈判中巧妙地将不利转化为有利，将主动权掌握在自己手中，即使自己处于谈判劣势地位，也能最大限度地为自己所在的公司争取到最大利益。

> **小提示**：向对方施压，不是为了单纯地运用压力使对方妥协，而是用压力让谈判方向向自己这方倾斜，同时也要让对方有利可得，这样才能为以后的合作打下良好的基础。

5.1.3 分清主次，聚焦大局

采购人员在与供应商谈判时，往往会就多个问题进行谈判协商。从采购方看，这些问题有主要的，有次要的。无论谈判进程是否顺利，采购人员都要以大局为重，分清主次，切勿因小失大。特别是在谈判双方有矛盾冲突时，更要保持冷静，聚焦大局，必要时可以舍弃次要的利益。

在谈判前，采购人员要确认此次谈判的重点在哪里，要达成哪些目标，主要目标是什么，次要目标是什么，有哪些可以退让的方面，有哪些原则和底线必须坚守。另外，谈判团队成员也要有主次之分，相互配合才能更好地达成目标。那么，在分清主次方面，采购人员需要注意哪些地方呢？如图 5-2 所示。

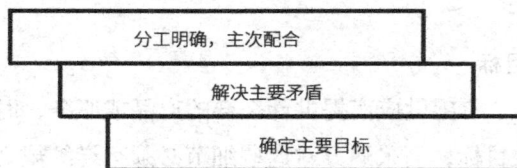

| 分工明确，主次配合 |
| 解决主要矛盾 |
| 确定主要目标 |

图 5-2 谈判中分清主次的注意事项

1. 分工明确，主次配合

谈判也是一场团体赛，需要团队中的每一位成员相互配合，要有单打，有双打，还要有混合双打，谈判团队除了"一把手"要冲在前面外，其他的副手成员也要相互配合。

首先，要主次分明，在一个谈判团队中只能有一个核心，所有的参与者都要为这个核心服务。以主谈判员的指示、观点和做法为准。

其次，要分工明确，团队成员按照自己的职位扮演好相应的角色，到位而不越位，作为配角与主角相互配合。

再次，帮助主谈判者查漏补缺，当主谈判员由于口误出现漏洞时，谈判助手要及时弥补，避免被对方抓住把柄。

最后，要角色扮演。在一场谈判中，配合默契的谈判团队中，总会有人唱红脸，有人唱白脸；有人演青衣，有人演武生。采购方的谈判团队要分配好角色，比如，主谈判人不方便说的话，可以借由唱白脸的成员说出，相互配合，打好谈判之战。

2．解决主要矛盾

面对错综复杂的矛盾，要善于解决主要矛盾，次要矛盾才能势如破竹地被攻破，而在主要矛盾中又要把握好矛盾的主要方面。

在谈判中，采购人员要牢牢把握住核心目标，着力解决主要矛盾，带着明确的目标去谈判，并且在适当时机让供应商知晓自己的主要目标，进而围绕这一目标开展谈判，当主要目标与次要目标冲突时，可以有选择性地放弃次要目标，做出让步。

在这里，最忌讳主次不分，作为采购人员，不清楚自己在谈判中想要达成的目标，对实施步骤也不清楚，很容易让谈判纠缠于细枝末节，结果越谈越混乱。所以在谈判中，采购人员要以解决主要矛盾为准，把握主流，并以此为核心，掌握谈判节奏。

3．确定主要目标

在采购谈判中，希望供应商提供什么样的产品或服务，时间、地点、方式等是谈判的细节性目标，而采购方对这些细节必须有详细规划。另外，报价也是谈判的焦点之一。在确定哪些是主要目标前，采购人员不可盲目估计或盲目乐观，否则，一旦在谈判过程中出现困难，往往会使自己陷入被动局面，所以，最好将谈判目标规划为上、中、下限目标。在谈判过程中，随机应变，争取达到预设目标。

> **小提示**：在采购谈判中，采购人员除了要明确自己的团队分工以及谈判主要目标，还要了解对方的真实目标，对方急切想要达成的目标就是我方的突破口，要善于发现与运用这一点。

5.1.4　当断则断，不能总犹犹豫豫

在谈判中，作为采购方，要当断则断，不能总犹犹豫豫，否则，可能会向

供应商传递错误的信号，导致无法就谈判意向达成共识，甚至使得谈判最终破裂。

这里的当断则断侧重于对某些谈判事项的决定，谈判中的主谈人当然是团队当中的领导者，当领导者犹犹豫豫时，供应商很容易认为对方没有谈判的诚意，谈判当然也就无法顺利进行。所以，在谈判中要见机行事，该做出决定时做出决定，最忌讳就某个议题反复讨论，各不相让，这样很容易使谈判陷入僵局。

在某场谈判的前期预热阶段，供应商将价格降到了采购方的理想范围内，但采购方还是希望对方能再降低 1%，于是，就这 1% 双方展开了激烈的谈判。采购方认为供应商目前只和自己谈判，如果我方不买它的物料，那他就找不到接手的采购方，库存积压成本又非常高，采购方认为自己肯定占优势。

但没想到第二天下午，供应商的市场部接到一笔订单，客户要货要得急，而且愿意加价，消息传到供应商主谈人那里。主谈人对采购方表示，今天下午如果还没有确切的答案，就暂停谈判。此时，采购方还认为，供应商是在用时间向自己施压，于是打算第二天再就其他事项谈判，暂时搁置这 1% 的问题。

没想到，供应商负责人第二天一大早就打来电话，告知采购方谈判停止，因为已经有客户向供应商紧急要货，还多给出了 2%。最终，这场谈判尚未正式开始，就结束了。而采购方向其他供应商谈判时，没想到对方给出的报价还高出市场均价，理由是近期原材料价格上涨，无法保持原有报价。

所以，因为采购方犹犹豫豫，总想着明天的谈判还有商量的余地，结果丧失了一次低价采购的机会。这也告诉我们，在谈判时，一定要当断则断，舍得小利，因为有舍才能有得，市场风云变幻，要果断出击，才可能取得预期的利益。由于当断不断而引发的谈判失败的案例，也是值得采购人员反思的。

某位企业高管曾经历过一场谈判，谈判的最终结果是双方达成合作，合作的过程也比较愉快，但让这位曾经的主谈判人心存芥蒂的是，这场谈判本可以获得更多的利益，但还是错失了良机。

原来，这场谈判的结果虽然是达成了合作，但最终这位高管所代表的采购方却以高出对方最低价格 5% 的价格成交，也就是说，在价格方面，采购方不但没有达到预期的价格目标，反而是以多出对方报价 5% 的价格谈妥。

当初在谈判时，供应商表现得非常强势，因为供应商的物料在国内确实紧俏，多个采购方都想拿到货源。而该高管所在的公司是其中实力比较强的采购方，所以，供应商愿意与其开展合作性谈判。

在谈判中，供应商给出了优惠条件，但同样要让这位高管给出对等的权限，当时这位高管认为，费了那么大力气，将谈判进行到这里，眼看就要到下半场了。如果不答应对方的要求，谈判肯定就进行不下去了，最终双方就这项内容艰难地达成合作，很显然，这位高管并不满意，于是想在价格方面"守住底线"。

供应商开出的价格还算优惠，如果自己再砍下5%，那就达成预期目标了，回到公司也好向领导交代。自以为已经势在必得，所以在谈判中，将这种心理优势坦露无遗，没有坚决拒绝，但也没有马上做决定，高管这犹犹豫豫的表现无疑影响了谈判进程。

而供应商方面当然也想好了对策。原来，供应商在谈判中提出要和自己的兄弟单位进行信息共享，包括物料谈判的信息，当然不会共享敏感信息。而这时，兄弟单位在谈判的前一天晚上告知该供应商，海外有家企业急于想要这批物料，价格方面已经高出供应商的预期报价，但这家海外企业对时间要求并不是很严格。

也就是说，供应商即使和这位高管所在公司签订合同，其物料供应也不会出现异常紧缺。但在谈判桌上，供应商表示，自己的物料紧张，采购公司要想达成此次合作必须按原定价格再高出5%。

高管一听这样的价格，当然不愿意，但对方表示，价格是高了，但可以在已经达成的事项方面做出一定的让步，综合来说，高管所代表的采购方还是赚了。高管心想，已经谈到这个地步，现在放弃的话之前已经谈好的就不算数了，而且错过这次，想要和供应商再次合作确实有难度，毕竟供应商占优势。于是高管答应了对方的条件，双方正式签订合作协议，按计划开展合作。

> **小提示**：在谈判时当断不断，犹犹豫豫，多是因为不想放弃既得利益，也不想多付出，即使尚未开展真正的落地合作。所以，采购人员在谈判过程中要当断则断，利益达到一定程度即可，要想供应商百分百地退让确实很难，反而容易在犹豫期间出现其他的突发状况，使自己进退两难。

5.2　采购价格谈判技巧

在谈判桌上，价格是采购人员和供应商共同关注的焦点，面对供应商的报价，采购人员该如何应对呢？这里就要运用采购价格谈判技巧，在询价、砍价、让步、讨价还价、间接议价方面，与供应商周旋，直到达成理想的价格目标。而价格谈判的重点则是如何运用这些技巧，这也是本节的重点内容。

5.2.1　询价技巧：让对方觉得自己很内行

询价作为采购谈判的初期环节，也是影响整个谈判的关键环节，采购人员在这一环节要善于运用一些谈判技巧。供应商要有报价技巧，而采购方也要有询价技巧，让对方觉得自己很内行，争取掌握谈判主动权。

广义的询价指的是获得准确的价格信息，以便在报价过程中对工程材料（设备）及时、正确地定价，从而保证准确控制投资额，节省投资，降低成本。狭义的询价指的是询价采购，对几个供货商（通常至少 3 家）的报价进行比较以确保价格具有竞争性的一种采购方式。询价采购已经在第 1 章有所涉及，这里不再赘述。本节着重对询价技巧进行解读。

询价是采购人员的必要工作流程之一。在工作流程上，采购人员接到仓库的采购清单后，及时了解库存状况，以及采购预算，再联系供应商，就采购项目和物料进行谈判。一般来说，如果是常规的标准型物料，其价格和市场行情相对比较稳定，采购人员可以通过以往的采购记录和供应商报价获得相关信息。但对一些非标准化的物料，可以在询价以及标准方面，与供应商仔细谈判。

在谈判桌上，询价技巧对采购方来说尤其重要，所以，询价所应包含的文件必须在谈判之前让供应商准备充足，以方便报价与谈判。也就是说，完整且正确的询价文件既可帮助供应商在最短的时间提出正确、有效的报价，也能够让采购方根据文件开展采购价格的谈判。

在这里要注意，与供应商进行询价谈判时，要有充分的准备。知己知彼，百战百胜。采购人员必须了解物料的基础知识、市场行情、供需状况、价格波动，以及供应商的情况，比如，供应商的企业运转情况、信誉、合作记录等。开口询价也有很多技巧, 即使采购人员并不是非常熟悉物料情况, 不是这方面的采购高手, 也要让供应商觉得自己非常内行。

首先, 有经验的采购人员不会一开始就询问供应商的报价, 表现出自己急于知道物料的价格, 而是在对供应商的产品的各项指标、规格、技术流程和优势等信息, 有一个比较全面的了解以后, 才正式进入询价环节。因为询价不一定只询问价格, 而是对供应商的物料有一个全面把握。那采购方在谈判前, 需要了解供应商的哪些内容呢? 如图 5-3 所示。

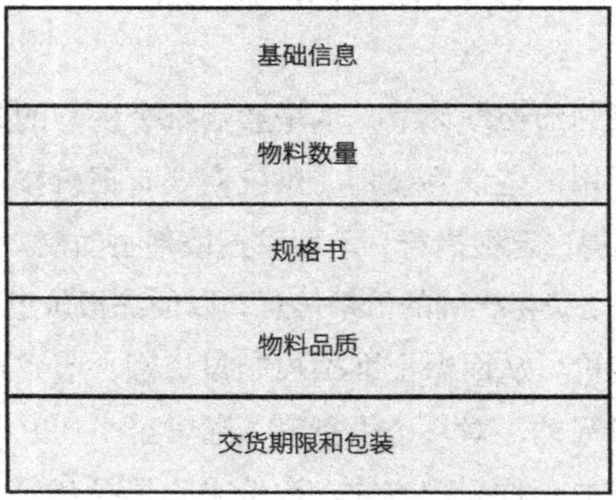

图 5-3　询价前需了解的供应商信息

1. 基础信息

在询价单上, 供应商应提供物料的基础信息, 包括物料的名称以及特殊编号, 便于供应商与采购方在谈判时快速确认, 这也是采购人员必须关注的询价的基础信息。例如, 供应商给采购方定制了一批物料, 其名称和特殊编号相当于这批物料的身份证号, 无论在谈判中还是日后合作, 都可作为具体的条款依据, 以避免不必要的麻烦。

2. 物料数量

通常供应商在报价时都需要知道采购方的需求量, 这是因为采购量的多少会影响到价格的计算。比如, 是按照年、季度还是月计算, 不同的需求量对应不同的价格等级。如果采购方不确定具体的采购数量, 可以给供应商报出约数, 也借此衡量供应商的产能是否能满足我方的需求。

在这里要注意，不能刻意夸大采购量。有些采购人员担心采购量少，供应商无法给出满意的报价，所以报出的需求数量多出实际量很多。在这种情况下签订合同后，采购方一旦在采购量上想有所变动，很容易使供应商提高单价，甚至停止供应。所以，在采购谈判时，在数量上要实事求是，与供应商坦诚合作，这对询价也有好处。

3．规格书

规格书是一个描述采购产品品质的工具，包括样品、材料规格、色板、工程图纸等，这些都是供应商在采购谈判时必备的文件内容，采购方也可以依据这些材料进行详细的询价。

4．物料品质

采购人员必须对物料品质有详细了解，对此，可以要求供应商按照自己的需求，提供物料品质的证明，包括品牌价值、货物性能测试结果、样品、操作说明书、行业达标证明等。采购方要对物料的品质有所关注，对证明材料的真实性也要有所鉴定。

5．交货期限和包装

物料的交货期限以及包装等问题，也是采购方进行询价时需要关注的基础信息之一，比如，供应商准备样品的时间、第一批量产完工时间、正式交货日期，采购方要综合实际情况来定，而不是一味地按"及时供货"来定标准。在包装方面，采购方也要有详细备注，在报价单上写明物料包装方式，如果供应商未写，一定要在谈判时要求对方添加该项内容。

除了以上列举的 5 项内容外，采购方在询价时，对供应商的运送地点、交货方式、售后服务、报价期限等也要予以明确，只有充分了解供应商以及物料的各种信息，才能为接下来真正的价格谈判打好基础。

> **小提示**：采购谈判中，询价更多的是针对谈判前期内容的准备，包括市场调查、价格设计、让利策略等，如果供应商有所遗漏，要及时提醒对方，这也会让对方感受到采购方的内行与专业。

5.2.2　砍价技巧：坚持不懈 + 后果分析 + 别人便宜

在采购的谈判桌上，采购方与供应商对价格谈判必不可少，从砍价的角度看，采购方可以使用哪些砍价技巧呢？在这里提供 3 个突破技巧，分别是坚持不懈、后果分析、别人便宜。接下来，我们就解读在谈判的砍价过程中，如何使用这 3 项技巧。

1．坚持不懈

有家丝绸厂想要进购一批生产设备，在与设备厂谈判过程中，丝绸厂代表认为在零部件的售后服务上需要多增加服务项目，因为丝绸工艺本身对设备的要求就很高，但设备厂供应商的理由是零部件的售后服务已经相当完善，没有必要再增加服务项目。

双方坚持不下，于是采购方决定暂时搁置，日后再议。于是，到了第二轮谈判中，采购方又将这一服务项目放到谈判的结尾处，供应商还是认为不应增加，但可以和其他项目混合添加。到了第三轮谈判时，谈判的总体内容已经敲定，采购方还是强调要增加零部件的售后服务项目，眼看马上就到谈判截止日期了，供应商也不再坚持了。

所以，丝绸厂终于在坚持不懈的努力下，使得设备供应商答应了此项售后服务项目的条款。

2．后果分析

采购方得知某蛋糕厂想出手一批成品蛋糕，于是找到该厂负责人，正式开展谈判，希望蛋糕厂以低于报价 20% 的价格出售，对方当然不答应。同时，采购方从各处打探消息，得知该蛋糕厂急于出手这批产品，是因为此前和一家食品加工厂签订了订单，但对方在蛋糕完工前夕毁约，也就是说，蛋糕厂的产品已经生产出来，但没有了买主。

于是，采购方借这一信息对蛋糕厂采取后果分析的技巧，对蛋糕厂负责人表示，你们厂的蛋糕已经生产出来了，拖一天就离保质期近一天，我们给出的价格可能不会使你们赚多少，但至少不会赔本，是将产品占着库存卖不出去，还是以不错的价格卖给我们，您看着办。而且，这批蛋糕和我们的成分要求确实存在一定差距，我们也没有在谈判时过于追究。谈判方借此压低价格。

蛋糕厂负责人听到这里也让步了，自己确实急于出手，毕竟蛋糕的保质期不长，而且现在温度这样高，库存成本也不低。最终，采购方以理想的价格拿到了货物。

3．别人便宜

在谈判中，采购方向供应商表示自己已经和不下 3 家供应商谈过合作，对物料的市场行情和价格已经掌握得非常清楚，连同行都便宜卖了，你们还给出这么高的价格不合适。

将"别人便宜"的说法运用在采购谈判的砍价中，使供应商感受到来自同行和第三方的压力，迫使供应商做出让步，实现砍价目标。当然，供应商往往不会简单地因为一句"别人便宜"而主动让步，让我方成功砍价，在利用第三方进行砍价时，还要辅以其他因素。

例如，在"别人便宜"之后加上我方看重这个供应商的原因，因为该供应商的货有质量保证，结算及时，让供应商认为采购方不是一味地压低价格，而是有更大的诚意开展谈判与合作。

接下来，我们从砍价技巧的角度看，以上 3 项理由在实际运用时的注意事项。

首先，采购方以坚持不懈的方式想要供应商降价或答应自己的其他条件时，要注意坚持不懈的理由，是因为我方真心需要供应商的物料，所以才这样坚持，还是想单纯获得点价格上的优惠。

坚持不懈的反作用是对方没有耐心和我方谈下去，表现出非常不耐烦的样子，这时采购方就要改变思路，想想对于自己提出的砍价条件，对方为什么不能接受，可不可以先做些让步，以引导供应商答应。

其次，采用后果分析技巧时，要注意掌握适用范围和力度。相对坚持不懈的砍价，后果分析是用非常强硬的态度，往往是抓住了供应商的某项弱点或不利因素，暗示对方潜伏的危机，从而迫使对方降价。

但要注意，前提是采购方确实掌握了供应商的穴道，同时要"点到为止"，在对后果分析之后给供应商提供我方制定的解决方案，给对方一种"雪中送炭"的感觉，让供应商觉得我方是真心诚意地想要与之开展合作，前提是答应我方的砍价要求。

最后，说"别人便宜"是比较常用的砍价技巧和理由，但作用力可能不如后果分析，所以要注意增加辅助条件，让供应商认为之所以选择自己谈判，是采购方看重了自己的产品质量、生产工艺或者是售后服务，这样即使"别人便宜"，自己也占有优势，从而引导供应商答应我方的砍价。

> **小提示：** 谈判本身就是一场耐心的较量，需要双方有信心和诚意谈判，在砍价方面，以上3种技巧可以单独使用，也可以综合运用，或者结合其他的砍价技巧，在实际运用时往往需要软硬兼施才能达到采购方的砍价目标。

5.2.3　让步技巧：自己让步后，要马上让对方让步

成功的谈判实质上是双方让步的结果，一方完全占尽优势的谈判很少见，只有相互让步才能最大限度地达成一致。

而谈判中的让步也要带有技巧，既不是一味地忍让，也不是固执守旧，高明的谈判高手是在让步与前进中一点点实现自己预设的谈判目标，比较理想的结果是自己让步后，也让对方马上让步。

让步技巧在谈判中的优势在于更容易让对方一点点进入自己的预设目标区，因为相比略显强势的砍价，让步反而让双方更有谈判的余地，即使出现分歧，甚至冲突，也能够在一方的让步中，与另一方取得可能性进展。

当然，让步也不总是有好的结果，有时采购方做出让步以后，可能供应商反会认为采购方之前的条件有水分，于是不但没有同样的让步，反而提出更多要求，或者认为这些让步微不足道，态度依然很强硬。在谈判中，这种情况其实是不利于我方把握主动权的，对此，采购方还是要讲求让步的技巧。

在采购谈判中，采购方可以采取哪些让步技巧呢？如图5-4所示。

1. 亮明让步细节

作为采购方，如果想要以先行让步引来对方的跟随性让步，就要亮明让步的细节，包括让步条件、对象、理由、具体标准与内容等，避免因为让步导致新的问题和矛盾。如果想要让对方马上也做出让步，可以在让步细节中涉及与供应商密切相关的信息。

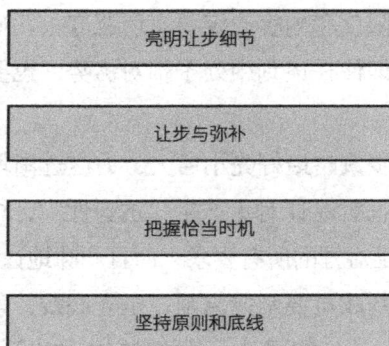

图 5-4　采购谈判的让步技巧

这里要注意，采购方做出的让步必须有所根据，明确标准，让供应商明确感受到自己所做出的让步，最好还带有一定的困难。比如，采购方主谈人表示，自己可以主动降低 1% 的利润，但这样的擅自做主回去之后肯定不好交代，甚至会影响以后的谈判。至此供应商应该能感受到自己也该做一些让步，才能让谈判开展得更加顺利。

2．让步与弥补

采购方若做出了让步，就要尽可能在其他方面让对方也做出加倍的至少是相对均等的回报，所以，让步与弥补往往是相互存在的，在某个方面失去了，就要想办法在另一方面弥补回来。这样才不至于失去谈判的意义。当然，如果在采购谈判中，我方认为对方的让步给自己带来了不错的利益时，也要适时收手，以保持全盘的优势。

3．把握恰当时机

以让步策略取得谈判进展，更重要的是要把握恰当的时机，在适当的时间、场合和氛围中提出让步条件，让对方尽可能按照我们的计划前进。在这里要注意，不要随意让步，导致错失时机。什么时机说出谈判的让步条件，主谈人要以客观情况为准，而不是过多地依赖个人的兴趣、成见、性情等主观因素。在遵循让步原则和方法的前提下，有选择地说出让步条件。

4．坚持原则和底线

谈判双方都有自己的原则和底线，而且都不会轻易违反原则、超越底线，所以，采购方对让步的限度和内容一定要有所坚守，明确哪些方面可以让步，哪些内容不可以让步，即使在谈判中处于相对劣势，也要争取得到预期的价值回报。

从实操性上讲，让步策略最好先小后大，力度逐渐增强，如果在谈判一开始遇到阻力时就让步，很容易让对手产生"抗药性"，毕竟让步也是有时间限度的，仅靠让步很难满足对方的所有要求，而且一味地让步也不现实。

所以，采购方的谈判成员要坚持原则，坚守底线，争取以较小的让步代价换取最有效的利益，自己让步的同时，引导对方也做出至少对等的让步。

之所以强调让步技巧，就是因为让步在谈判中隐含着双层结果——可能会对采购方更为有利，也可能会让其损失得更多。所以，在让步时，要讲求一定的策略和技巧。在关键环节方面，比如价格、付款、交货、售后等要有严格的让步方案，哪些可以让，哪些不能让，采购方都要有所规划。

让步型谈判就是以退为进，最好退一步进两步，以和为贵，而不是始终强硬，否则就失去了谈判的意义和价值。

小幅度让步往往更为有效，毕竟谈判就是在一点点地你进我退或我进你退中达成的。最后，要注意不能做没有回报的让步，最好让对方先行让步，自己在次要方面做出均等让步。

5.2.4 讨价还价技巧：敲山震虎 + 欲擒故纵 + 差额均摊

无论在谈判桌上还是在日常生活中，讨价还价的场景都是很常见的，大家之所以要讨价还价，是因为买卖双方对价格的认知不一致，往往的是，采购方认为价格高，而卖方认为低于之前的报价会使自己亏损。所以，常常会有讨价还价的情况发生。

在探讨讨价还价技巧前，我们先来了解一下有哪些讨价还价的形式。

第一种，直接按照原价还价。比如，供应商的报价是 523 元 / 台，采购方则直接要求减掉零头，给出 520 元 / 台的还价。直接还价比较容易操作，也便于对方接受。

第二种，分别还价。比如就物料的付款方式、交货期、数量或运输要求等条件，分别提出相应的还价要求，例如，按照物料的采购数量越多，价格越低的通常惯例，与供应商讨价还价。

第三种，总价还价，按照某一项或最终的交易总额进行还价。比如，供应商报价为 153 811 元，可以向供应商提出按照采购总价去掉零头，降为 153 800 元。

第四种，成本还价。采购方可以就物料的成本构成计算总额，然后加入利润因素，与供应商给出的报价进行对比，并以此为依据向供应商提出降价要求。比如，根据已有信息统计分析得出供应商的利润比例，并就这个数据下调一定比例，作为采购方的报价。按成本还价的好处是可以减少对方虚报的成分，但前提是对成本的预估要比较准确。

对还价的方式有了一定了解以后，接下来就正式进入讨价还价的环节了。还价是谈判过程中的必然环节，采购方对此要有清晰的认识，制定详细的讨价还价方案，与询价技巧、砍价技巧以及退让策略相互配合，才能使讨价还价工作进行得更加顺利。那在谈判桌上的讨价还价有哪些技巧呢？如图 5-5 所示。

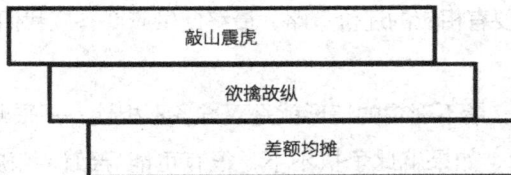

图 5-5　谈判中讨价还价的技巧

1. 敲山震虎

在价格谈判中，采购方可以以暗示的方式告诉对方潜在的危机，借此迫使对方降价，这就属于敲山震虎式的讨价还价技巧——提示对方自身存在的不利因素，从而使对方在价格问题上处于被动，采购方再顺势提出自己的价格要求，迫使对方答应。

当然，敲山震虎的方法要注意运用的力度，不可太强势，而是要让对方有这样的感觉：我指出你潜在的危机，虽然是在为自己的价格着想，但在客观上也在帮助你。在敲山震虎式的讨价还价中，向对方表明自己诚心合作的态度，那么，还价也就顺理成章了。

2. 欲擒故纵

欲擒故纵这一成语出自古代兵法《三十六计》中的第十六计，意思是对待敌人要先故意放开他，使其放松戒备，充分暴露，然后再一举拿下。用于采购价格谈判方面，则是从试探入手，根据供应商的反映，引导对方跟着自己的节奏走。

当谈判桌上，采购方与供应商相互争执，看起来势均力敌。这时采购方的谈判人员要善于隐藏自己的采购意愿，不要表现出非买不可的急切心态，否则，很容易被供应商牵到"牛鼻子"，而使自己处于劣势。

相反，采购方要以"若即若离"的姿态对待这场谈判，从询价切入，观察供应商的态度。如果供应商有急于销售的意向，就要开出自己设定的价格，如果供应商并没有迫切成交的态度，采购方也要表现出放弃的样子。

在讨价还价方面，如果供应商急于出售但又对采购方提出的价格不满，往往会提出加价要求，这时，采购方可以适当答应对方的要求，最终目的是达成此次谈判。欲擒故纵的技巧之所以见效，就在于抓住了对方的弱点，无论对方是否急于出售，采购方都要有相应的还价策略，最终使供应商答应我们的还价要求。

3. 差额均摊

在讨价还价中，最不理想的情形就是双方各不相让——采购方不愿意加价，供应商不愿意降价，如果就此争执不下，很有可能导致谈判破裂，采购方无法购得物料，供应商无法出售商品。所以，差额均摊也不失为一种折中的办法。

举个简单的例子，经过讨价还价，供应商表示报价只能低到14元/米，而采购方则坚持12元/米，差额均摊的办法就是双方各让1元，最终成交价为13元/米。

以上列举了3种讨价还价的技巧，当然，在实际的谈判过程中，讨价还价的技巧不止这些，但最重要的是我们要从这些技巧中领悟到实际谈判的难度和突破点，再运用这些技巧，与供应商达成成交，这样才是采购方艰难还价的根本目的。

5.2.5 间接议价技巧："啊？太高了！"大吃一惊有奇效

"啊？太高了！"听到这样的报价，采购方谈判成员小沙先佯装惊叫起来，以大吃一惊的表现、夸张的表情动作，让对方也感受到这种吃惊的效果。

对方可能会想"难道我的报价真的吓着他了"，进而认为自己的开价确实高了，考虑要不要降点。当对方有这种情绪化想法时，我方就开始占据优势了。以大吃一惊的表现来使得对方进入自己的情绪范围，也是间接议价的一种技巧。

初做采购员的周某近期在和供应商洽谈一批零部件的采购活动，由于是新手上路，老板将这次采购量不大的任务交给他，是想看看他的采购能力到底如何。而周某也丝毫不敢怠慢，抓紧时间收集整理资料，等到正式谈到报价问题时，供应商给出的价格是 3.6 万元。

"3.6 万元？这么贵！"看着极度吃惊的周某，对方负责人更是诧异，没想到周某的反应这么强烈，难道自己的报价吓到他了？

确实，初做采购业务员的周某认为对方的报价和老板给出的价格相差太多，"您刚才说的是 3.6 万元？我没听错吧？一组小型设备的零部件总价竟然超过 3 万元，到底有没有搞错？"周某再次激动起来。

双方约见的地方是一家咖啡馆，本身就很安静，听到周某的惊讶，周围的人纷纷投来疑惑的眼光，看着他俩。这让供应商的负责人非常尴尬，毕竟这个地方是他选的，而且这家咖啡馆的老板和服务员也都认识他。

负责人赶紧向周某解释，这个总价是如何得出的，并立即表示只要周某有采购的诚意，价格都好说。供应商负责人也看得出来，这个报价确实吓着周某了。经过多次谈判，最终双方以低出报价很多的价格成交。

在这个案例中，周某没有明确说出自己的理想价格，但通过大吃一惊的表现，向供应商表达了自己的态度：这样的价格太高了，我接受不了！实际上这也是一种间接议价的技巧。

在这里，为什么要强调大吃一惊呢？你可能会认为，在对方开出的价格和我的心理预期相符时，我就不会有大吃一惊的反映，为什么非要表现出对价格的极度诧异呢？因为对方给出的报价，特别的第一次报价，往往也是投石问路，想看看你对这个价格的满意程度，如果你表现出大吃一惊，即在告诉对方你无法接受这个价格。

另外，大吃一惊也容易让对方被你的情绪所感染，可能会想自己的报价是不是太高了？要不要做一些让步。

间接议价是在不直接谈及价格的情况下迂回前进，进而使供应商委婉降价，达到我方的预期价格范围，而情绪化的反映也属于间接议价的一种情感表达。

在针对价格的谈判过程中，间接议价可以起到不错的过渡作用。因为在谈判中，一开始往往不会直接进入谈判主题，间接议价可以让双方谈一些不相关的话题，比如，双方主谈人的工作以及生活等边缘化问题，降低谈判敏感度。但实际上，这也是一种谈判，只是未涉及价格等敏感话题，有助于双方放松心情。

此外，尽可能不将正式谈判通过书信邮件或电话形式沟通，而是要面对面商谈，因为在面对面时，肢体语言、面部表情都可以成为谈判工具，引导对方做出妥协，降价让步。

除了价格方面可以采用间接议价外，对非价格要素也可以采用此种技巧。比如，在谈判中要求供应商承担售后服务或运输成本中的部分费用。当供应商的报价高出我方的价格预期且不愿意让步时，可以要求用非价格内容进行补偿，比如，由供应商承担来回运输、维护的费用。这样也可以间接达到议价的目的，这种方式比较适合大件或大批量产品。

间接议价方法还可以与让步技巧相结合，以另一种方式维护谈判方的利益。比如，当采购方与供应商就价格争执不下时，采购方可以换个角度，对次要部分的细节做出让步，从让步中要求对方给予同等的回报，同时做好记录，将之写入最终的合同文本。

> **小提示：** 间接议价的技巧不只可以用在对价格谈判上，也可以用在非价格要素中，以实现对价格的预期要求。谈判过程本身就是谈判各方就自身利益的争取过程，有妥协有让步，也有强势倒逼，间接议价正好是这两个方面的互补和黏合，有助于促成最终成交。

5.3 如何应对强势供应商

在谈判中，遇到供应商非常强势时有哪些应对诀窍呢？比如，客户指定时，如何应对强势供应商？购买量很小时，如何应对强势供应商？产品垄断时，如何应对强势供应商？对于强势供应商在谈判中提出的各种条件又该如何应对？这些都是采购人员必须面对的棘手问题，本节就以强势供应商为主题，解读应对诀窍。

5.3.1 客户指定时，如何应对强势供应商

作为采购方，很可能会面对这样的情况，客户指定某个供应商，采购方按照客户的要求与供应商合作，但供应商的各项指标并不过关，甚至有些方面还不合格。但因为是客户指定要这个供应商的原材料或零配件，所以采购方只能被动地接受，但麻烦却少不了。

那面对客户指定的供应商的一些强势行为，采购方到底该如何应对呢？首先，我们要来分析一下为什么供应商会如此强势，其底气从哪里来。

从供应商角度看，有 3 点原因：一是因为客户指定，供应商有着"非我莫属"的优势心理，当然会"小视"采购方，在谈判桌上也多了几分底气；二是供应商本身确实很有实力，在物料、交货、技术等各个方面均有相当的表现；三是由于自身的优势，认为谈判的游戏规则由自己来定，事情已经和客户达成一致协议，采购方当然没什么话语权。

从采购方角度看，也有 3 点原因：一是沟通不到位，虽然现在有先进的通信工具和手段，但由于时间或空间的距离还是免不了产生沟通不顺畅的情况；二是在客户指定的情况下，对供应商的管理相对弱化，在谈判或实际合作中，无法站在监管的位置管理供应商；三是采购流程设计问题，比如供应商对采购方不太在意，这种情况下极有可能出现强势供应商。

从客户的角度看，很大原因就是对供应商的管理比较松散，而其本身对物料的各项内容要求又比较严格，在供应商无法达到要求的情况下，出现问题就只能找采购方解决。

所以，综合来看，客户指定供应商之所以强势是有多方面原因的，供应商、采购方和客户均有原因。我们需要从这些原因入手，在谈判中，与供应商达成合作；在合作中，与供应商建立友谊。那作为采购方，到底该如何应对强势的供应商呢？如图 5-6 所示。

1．与客户达成一致

在接受客户指定的供应商之前，要和客户在合作方面达成一致，比如，生产成本、产品质量、交货期限、技术支持、信息共享、补充合同等，必要时争取客户同意采购方以客户的名义与供应商洽谈，直到三方都接受。

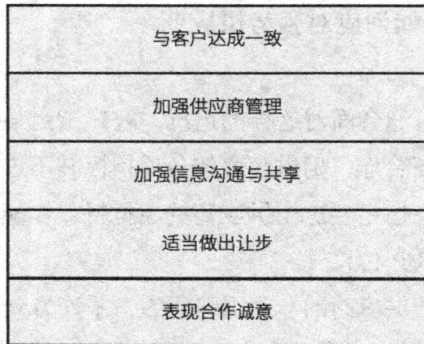

与客户达成一致
加强供应商管理
加强信息沟通与共享
适当做出让步
表现合作诚意

图 5-6 如何应对客户指定供应商

2．加强供应商管理

在与客户达成一致意见的条件下，关于供应商的管理权如何处理，采购方要和客户一起制定解决方案，比如产品质量规格等问题，客户要与供应商达成一致，而在日常管理中，如果供应商出现问题，则采购方有权向供应商发出质量检查和改善报告，敦促供应商及时更正。

3．加强信息沟通与共享

关于供应商的相关信息要及时和客户沟通，在谈判时，要向供应商说明这一点，包括质量报表、批次提交合格率、顾客满意度、交期达成率、计划订单互动等，定期与各方交流，减少不必要的麻烦。

4．适当做出让步

在谈判或合作中，采购方可以适当做出让步，以满足客户的要求，例如，我们在保证自身利益的前提下，可以放宽交货时间，压缩结算时间等。

5．表现合作诚意

如果供应商因为自身实力或行业地位而显示强势地位，作为采购方，在谈判中实际上没有太多的优势可言，加之供应商又是客户指定，所以采购方要表现出足够的合作诚意，特别是初次合作时，信任尚未完全建立，供应商也需要对采购方进行考核。

随着合作次数的增加，采购方可以与供应商的负责人适当拉近关系，攻心为上，毕竟再强势的供应商也有自己的痛点和需求，采购方可以借助供应商的痛点，密切合作关系；也可以协同供应商挖掘客户的需求，总之，一切以和为主。

当然，如果供应商的综合表现确实不适合成为我方的合作伙伴，也要及时向客户反映情况，请客户仔细斟酌，如在谈判后出现问题，则要分清主次责任，这也是让客户知道，作为采购方，我方是真心为客户着想。

> **小提示：** 面对客户指定的供应商，在谈判中，即使对方很强势，也不能丧失谈判原则；在合作中，也要从大局出发，以合作为主；确实无法合作的话，也要与客户充分交流沟通，达成一致意见。

5.3.2　采购量很小时，如何应对强势供应商

一般来说，供应商不愿意接采购量很小的订单，尤其是强势供应商。而对采购方来说，订单量虽然小，却实实在在影响着公司的供应链以及后续的生产工作。那采购量确实不多时，该如何应对比较强势的供应商呢？

首先，要从采购量本身分析，为什么采购量非常小？原因之一是公司出现紧急采购的情况，比如，因为临时改变生产计划，需要紧急采购一批原材料，而商谈的供应商则比较强势，如何处理？在这时，要知道时间就是效率。

如果必须从这个强势的供应商处采购的话，可以先答应对方的要求，下次再寻找合作伙伴。当然，如果有其他的供应商且时间允许的话，可以选择不与这强势的供应商合作，毕竟自己的采购量小，是被动的一方，还不如选择那些自己可拥有话语权的供应商。

在具体的采购细节上，可以与强势的供应商协商好细节，迅速确定供货方案，必要时寻求公司内部物流的帮助。

原因之二是受采购方的现实情况限定，对采购量的要求确实不大。比如，公司的某条生产线或某个产品处在研发阶段，所以所用的物料的量均不多。当然，如果采购量比较少，很多供货商是不愿意签订采购合同的，这时就要考验采购人员的工作能力了。

一种方法是向供应商表示，公司正处于测试阶段，一旦测试通过，计划采购量会有大幅上升，且会固定在某个采购范围内，不会再像现在这样采购量小且不稳定。同时，采购人员也要向公司技术部门了解自己可以把握的采购量，确保供应商愿意与之合作。

另一种方法就是向供应商表明自己的采购量不会很大，但一直会有采购订单，属于细水长流式的采购，在这种情况下，即使是强势的供应商，也可能会由于有长期订单而选择与采购方合作。

原因之三是由强势供应商的问题引发的小采购量。例如，之前和这个比较强势的供应商合作，但由于供应商的物料出现问题，需要再次小批量采购。

在解决方案中，要确定该供应商的具体责任，是由于物料质量问题还是物流细节，可以要求供应商紧急发货、就近少量采购，或者是与同行换货。针对这些问题，如果在解决方案的谈判过程中强势供应商依然采取强势的态度，那采购方也要做出一定的反馈，耐心处理，直到得到满意的答复。

最后，依据采购量寻找物料供应商。如果采购量只占该供应商供应总额的1%甚至更小，采购方确实很难让供应商将自己放在战略性的位置。如果达不到供应商批量生产的要求，特别是供应商的产能在高度负荷状态下，供应商也很难保证每批订单可以准时交货。在供应商无法及时供货或停止供货，而采购方也只有一家供应商的状况下，供应商链会受到严重影响，甚至断裂。

所以，面对强势供应商，采购方要有两手准备，最合适的方法就是根据采购量寻找物料供应商。采购量小的企业，如果和特大型的供应商合作，肯定会处于被动地位。在考查供应商时，除了关注生产流程是否符合产品要求，还要评估供应商的产能是否满足小批量采购的条件。

无论从采购方还是供应商方面来说，小批量的采购确实对双方的需求关系提出了更高的要求。即使处于相对被动的位置，在采购谈判中，采购方还是要正确面对强势的供应商，可以做出适度让步，但合作还是要以公平为准，保证及时交货，对可能出现的问题，双方要在谈判桌上提前说明，添加应急预警方案。

除此之外，采购方还要根据自身的具体情况，尽可能保持相对稳定的供应链，虽然小批量的采购可以找到供应商，但面对强势供应商，自己确实处于不利地位。

> **小提示**：采购方应加强对自身供应链的管理，对采购量尽可能做出相对准确的预测，提前设定解决方案，而不是在出现紧急情况，需要小批量采购时，才想起和强势的供应商开展谈判合作。

5.3.3 产品垄断时，如何应对强势供应商

经济全球化的环境背景下，采购方与供应商的关系除货物或技术买卖外，还存在着更为复杂的商业关系，采购方要想在市场中获得优势地位，对供应商的选择和管理必不可少。而有一类供应商则是让采购方比较头疼的，那就是强势供应商。

在这里，强势供应商侧重指那些掌握了产品关键技术，比如，可生产高精密度的零部件的供应商，其研发和生产实力都比较强。所以，在与采购方的关系上，供应商处于强势地位。比如，当供应商对产品进行垄断时，采购方该如何应对如此强势的供应商呢？首先，我们需要对强势供应商进行一个全面分析。

按照通常的理解，强势供应商往往是行业内的龙头老大，有些还是国际知名企业，即使没有这样的特殊地位，至少也是当地的优势企业，是众多企业供应链中的关键环节。

强势供应商之所以强势，是因为其在某方面有同行业企业无法比拟的优势，这种优势使供应商在与采购方谈判时，即使双方地位不平等，采购方也不得不与之合作。所以，这种力量对比的差别直接导致了采购方与供应商形成了明显的悬殊关系。那么，强势供应商到底可以在哪些地方显示自己的强大与优势呢？如图 5-7 所示。

1. 产品优势

强势供应商可能在产品方面有独特优势，特别在关键产品方面，比如，设备的精密零部件等，对技术要求高，设备投资大，实力稍弱的公司往往很难保

证产品质量。这也使得强势供应商在谈判过程中更有底气。

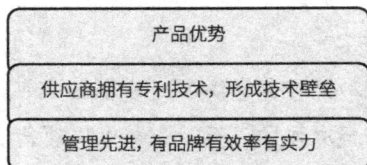

图 5-7 强势供应商的优势

也可能是采购商所需产品只有少数几家供应商可以提供，而其他企业与之相比，生产能力差距很大，导致采购方不得不与这家强势供应商开展谈判。

2. 供应商拥有专利技术，形成技术壁垒

当供应商拥有专利技术，且对该技术形成壁垒时，就具备了强势的资本。特别是独家研发的专利技术，其他供应商又很难有专业性突破，采购方与这样的供应商谈判，如果自身的实力确实不敌对方，那肯定会处于相对弱势的地位。

3. 管理先进，有品牌有效率有实力

这样的供应商具有非常强的综合实力，往往品牌历史悠久，形象深入人心，在管理方面也有自己的一套高效体系。面对这样的强势供应商，采购方在谈判桌上，确实要认真应对。

以上3点是对强势供应商的简要梳理，可以看出，供应商之所以强势，往往是由于自身拥有相对高的专业水准。当然，也不排除有些供应商自身实力并不是非常强大，但面对比自己稍弱的采购方时，态度依然非常强硬，谈判过程中也不愿意做任何让步，对于这样的供应商，采购方要谨慎判断是否与其展开谈判与合作。

了解了强势供应商的特点和优势后，作为采购方，我们到底该如何应对呢？比较有效的办法就是从合作模式入手，在谈判中提出与强势供应商的合作方向与模式，要求供应商与自己并肩战斗。

在谈判过程中，采购方可以向供应商提出合作模式以促成供货与采购活动，比如，供应商可以就采购方的生产流程制定个性化的供货方案，而采购方则可向供应商提出生产建议方案，优化生产，毕竟再强势的供应商也不可能面面俱到。一旦出现质量问题，采购方要与供应商共同协作，分析原因、解决问题。

在供货与采购中，双方应建立起一种信任关系，互相沟通产品质量情况，甚至采购方可以为供应商的物料在价格或物流方面提供有利于供应商的条件。

采购方与供应商看起来是简单的供需关系，实际上双方要想取得更好的合作效果，就要在谈判中建立合作模式，包括关键质量问题、技术问题等，长期维护合作关系，较之简单粗暴的导入竞争机制，会更有利于规避互相推诿的现象。

采购方要想在谈判中更有底气地应对强势供应商，就要坚持"任何事情都可以通过谈判达成"的原则，将所有的问题甚至分歧摆到谈判桌上，让强势供应商看到我方谈判的诚意和决心。

> **小提示**：采购人员不仅要关注产品本身，也要对供应商的数据体现的信息进行收集，对供应商进行全面分析，在谈判中才能多一分成功的概率。

5.4　如何打破谈判僵局

谈判僵局指的是在商务谈判过程中，双方对所谈问题的利益要求分歧较大，各方又都不肯做出让步，导致双方因暂时不可调和的矛盾而形成的对峙局面。这时，需要用一定的技巧去打破这种僵局。例如，用语言鼓励对方，避开僵局话题，寻找替代方法，运用休会策略，更换谈判人员，给予适当馈赠等。本节就是阐释如何运用这六大技巧来打破采购谈判的僵局，成功签订合同。

5.4.1　用语言鼓励对方

当谈判陷入僵局，经过协商而毫无进展时，无论是采购方还是供应商，双方谈判成员往往比较疲惫，情绪低落。面对这种谈判僵局，该如何破解呢？不妨先从谈判僵局本身入手。

广义的谈判僵局指的是在商务谈判中，谈判双方因观点与立场相互对立，利益冲突与矛盾冲突剧烈，使得谈判出现不可调和的局面。而且，在实际的谈判过程中，谈判僵局会随时发生，甚至伴随整个谈判过程。

从时间段来看，僵局可能出现在谈判前、中、后这 3 个时期。

在谈判初期，僵局容易形成于双方互相熟悉与了解的过程中；而在谈判中期，采购方与供应商就价格、技术、具体条款等细节性问题，很可能会产生不同观点，进而对立，形成谈判僵局，如果不妥善处理，很可能因为双方的利益差异而导致谈判破裂。

在谈判的后半场，双方可能会就合同内容产生矛盾，在解决了技术、价格等关键问题后，也还可能因为双方主谈人的态度或语气等引发冲突。

总之，僵局可能发生在谈判的任一阶段，作为采购方，要始终牢记以实现合作为终极目标，即使过程坎坷也要努力克服。

从谈判内容上看，其内容也可能会成为引发谈判僵局的主要原因，其中，价格是最为敏感一个要素，采购方和供应商非常容易为此产生矛盾，造成谈判僵局。另外，技术要求、物料标准、供货地点、验货标准、违约责任等，任何一项合同内容都可能成为谈判僵局的导火索。

当谈判真的陷入僵局时，该如何化解呢？最直接的办法就是用语言鼓励对方，重新开启谈判之门，而不是相互对峙。

"赵总，您看，谈判到这里大部分问题都已经解决了，现在就剩下关于违约责任赔偿问题，如果这个问题解决不好，不就直接导致之前已经谈好的项目也搁置了嘛！"

"咱们今天已经谈好了 3 个关键问题，还达成了一致意见，剩下这个如果也能顺利解决了，我保证以后的小问题都好办，咱们再坐下来好好聊聊吧？"

"就这个付款方式问题，我们之前已经说好了，3 种结算方式由您选，现在我还是这句话，如果因为这个支付问题导致谈不下去了，那不就太可惜了？我相信贵公司也是想真诚谈判的！"

用语言鼓励对方，使对方谈判人的情绪有所缓和，使之愿意接受继续谈判，有利于打破僵局。除了针对谈判内容对对方进行语言鼓励外，还可以与对方叙述过往合作友情，强调双方的合作基础和信任，以此减少彼此的对立情绪，进而打破僵局。

> **小提示：**当谈判陷于僵局时，其影响不一定是负面的，有时候谈判遇到僵局，将重要议题暂时搁置，先商谈相对容易的内容，反而更能促使谈判向着良好的方向发展。

5.4.2 避开僵局话题

当谈判陷入僵局，且进一步协商也没什么进展时，就要巧妙地避开这个造成谈判僵局的话题，换一个新的话题，再继续谈判。由于一场谈判中，多个内容具有一定的关联性，所以当其他的话题取得进展时，再反过来谈僵局话题，其阻力反而会小很多。

从谈判策略来看，要想在谈判中有效避开僵局话题，在谈判的思路规划上，就要对谈判的宽度进行拓展，这样当一个话题陷入僵局时，可以立即改换一个话题进行，比如，当双方就物料的单价问题无法协商一致时，可以改谈付款结算方式或者是供货地点等问题。采购方谈判人员不要在某一个问题上反复纠缠，这样反而容易让谈判陷入僵局，无法取得进一步突破。

有时候，在其他话题上有所突破以后，再回过头来重谈僵局话题，其协商的余地反而会更大一些。

避开僵局话题，不是说一遇到僵局话题就避而不谈，而是有策略地暂停该话题转而攻其他，以从侧面突破这个僵局话题。当谈判陷于僵局时，采购方该如何应对这样的场景呢？可以借鉴 4 个小技巧，如图 5-8 所示。

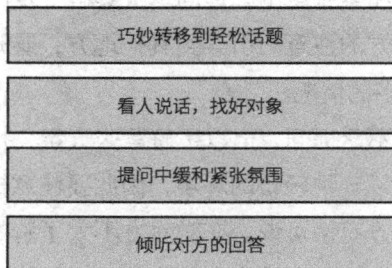

巧妙转移到轻松话题

看人说话，找好对象

提问中缓和紧张氛围

倾听对方的回答

图 5-8　避开僵局话题的技巧

1．巧妙转移到轻松话题

陷入谈判僵局以后，可能谈判双方的情绪都比较低落，不愿意就谈判内容再有过多的交涉，这时，采购方可以将双方的注意力巧妙地转移到轻松话题，比如，赞美一下对方，或是到了用餐时间，提议先填饱肚子再说。这样可以将双方的焦点转移到大家都比较关心和认可的话题上来，巧妙避开僵局话题。

在开始一个新话题前，要考虑到对方的接受程度，要以商量或赞美的语气，缓和现场的氛围。如果实在没什么话题，可以从所处的环境就地取材。比如，采购方在供应商所在公司谈判，就可以顺势赞美一下对方公司，环境和陈设等都可以，注意自然过渡。

2．看人说话，找好对象

当谈判陷入僵局后，双方其实都在寻找新话题，或者考虑直接结束此次谈判，容后再议。如果我方想要有效避开僵局话题，就要看人说话，找好对象。比如，在感觉到对方可能对某些问题非常敏感，不愿让步，而且一时半会又无法解决时，就可以另找话题。但要仔细观察沟通的对象，如果不确定对方到底对哪类话题感兴趣，不妨从对方的话语中寻找突破点。尽可能让对方多说，自己多听。

例如，就上一次谈判中，对方提到了关于孩子的话题，同时对孩子学习成绩一事流露出非常自豪的表情，这时我方就可以借孩子学习这一话题，以闲聊方式询问对方在孩子教育方面的心得，同时夸奖对方孩子。这样既能让对方感到自豪，也会有话可说。另外，要注意一些礼仪性问题，比如面对女士时，不宜过问年龄问题，也最好不要提及家庭隐私问题。

3．提问中缓和紧张氛围

在谈判过程中，虽然没有真正陷于僵持局面，但气氛已经相当紧张，这时就可以以提问的方式缓和紧张氛围。提问本身具有一定的社交功能，因此有助于打破谈判僵局，将对方的注意力引导到其他地方，避开敏感话题，同时提问也能使自己了解对方更多的情况。

虽然谈判过程中也不乏提问，但以缓解紧张气氛、打破僵局为主要目的的提问更多的是为双方创设一种轻松的环境，因此要注意提问的内容和语气。在提问内容方面，要让对方有话可说，在对对方不太了解的时候，最好以相关性比较弱的开放性问题为主，包括社会公共事件、天气等。如果对方不愿回答你的提问，可以顺势换个角度或问题，而不是生硬地追问或跳跃式地乱问，谈判之所以陷于僵局，就是因为某一方或双方不愿意继续就当前话题谈论下去，此时改变提问和谈判方式，会对打破谈判僵局有一定作用。

4. 倾听对方的回答

既然有了提问，接下来就是对方回答，在对方回答时，要认真倾听，因为也许对方谈及的是自己的私事，但没准会与这场谈判有些关联，而且倾听对方也是尊重对方的表现。当对方回答时，可以插一些简短的话或提问，让对方感受到你在认真倾听，且能及时给予反馈。即使对对方的答案不感兴趣，也不宜生硬打断。

> **小提示**：在谈判桌前正式就某些谈判内容进行商讨是谈判，与供应商的闲聊也算是一种谈判，或者更准确地说是面对面的深入了解，这也有助于我们挖掘更多信息，避开僵局话题，打破僵局氛围。

5.4.3　寻找替代方法

谈判陷入僵局后，不是不可解决，只是在僵持过程中，双方不宜就引发争议的内容再次商谈，我们不妨换一种思路，寻找替代方法。

例如，谈判中针对物料单价的问题，采购方希望在报价基础上下降 4%，但供应商坚持报价，当发生利益冲突又想要谈判有结果时，我们可以采取替代方法，比如，由单价问题跨越到总价问题，当估算出物料总价以后，再谈降价问题，之前单价是 0.5 元 / 千克，总重量是 4 000 千克，总价为 2 000 元。采购方可以在这 2 000 元的总价上提出降价，引导供应商改变之前的思路。

替代方法在打破谈判僵局中的功能是将原有的立场转换为另一种思路，以达到同样的利益目标。

某化肥工厂和供应商在谈判时就原料供应问题僵持不下，此时，采购方提出为供应商提供 3 个月免租的优惠条件，允许供应商占用某仓储空间以存放此次合作的原料，节省了供应商的仓储成本。通过核算，此提议确实对供应商有所益处，所以，对原料供应的问题就顺利转移到仓库存放问题上了。

还有一家商超代理采购方在和蔬菜供应商谈判时，就土地使用权问题产生了分歧，随后作为第三方的客户为双方提供了某个替换型提议，后经过协商，双方达成一致。客户能够拿到保质保量的货物，采购方可及时收到原材料，而供应商也从中获得了相应的利益。

商务谈判的过程就是双方不断地妥协与让步的过程，当出现无法调和的问题时，需要我们换个角度看问题，寻找一个折中的替代方法，维护双方的共同利益，僵局就可以顺利被打破。

但是，有很多采购方或供应商在谈判初期就将自己的方案视为最佳方案和让步底线，这样很容易引发谈判僵局，因为双方在初次谈判时，摩擦力最大，需要调整的条款和内容也最多，只有在双方均可接受的范围内，谈判才有可能继续下去。

所以，在处理谈判僵局的问题上，采购方最好不要一味地坚持自己最初的谈判方案，而是要多构思一些对彼此都有利的谈判方案。这样一旦遇到谈判阻碍，也可以及时调整谈判方向，既不会扰乱谈判的正常程序，又可以更加顺利地实现目标。

在具体的替代方法上，不同的谈判内容有不同的替代内容，但我们可以把握一些替代方法的总原则，这样在谈判时就可以依据总原则，对具体问题具体分析。在哪些方面产生分歧就在哪些方面寻找替代方法，比如，双方因为交易细节而产生分歧，就可以在交易问题上寻找其他的解决方案，各自让步以打破谈判僵局。

广西当地一家发电厂，就某个环保项目与一家技术公司达成合作协议，后者运用独家技术帮助前者在有毒气体排放方面达到国家标准，对发电厂驻厂进行技术援助，帮助其改造发电环保技术。

但该发电厂在技术改造完成后发现，有毒气体的排放量并没有达到此前合同所标明的数值，于是，发电厂要求该技术公司给予经济赔偿。

在正式就索赔展开谈判前，发电厂在确认技术公司的责任方面，开展了大量的调查研究工作，也收集了很多有价值的数据。同时，咨询了该领域的知名专家，由专家团给出专业意见。此外，发电厂还对发电设备技术改造前后的数据进行了对比以及样本分析，结果显示，实际的有毒气体排放量比合同规定的标准值低出近10%。

技术公司就此事实，在谈判初期采取了"擦边球"政策，将赔偿金额下调50%，且以气体排放的瞬间值数据证明自己的技术确实过关。但发电厂认为，自己的数据是以平均值计算，结果远远没有达到合同标准。

双方就赔偿和补救措施方面的谈判迟迟没有大的进展，陷入了僵持局面。对此，发电厂认为，电厂肯定不能因为这些问题直接关闭，要想一个双方都能接受的替代方案。于是，发电厂主谈人表示，可以降低赔偿金标准，但对方要在规定时间内再次进行技术升级，使最终的结果符合合同规定。最终，技术公司决定派骨干专家驻厂解决问题，同时对无法实现的技术指标问题进行赔偿。

> **小提示：** 寻找替代方法不是完全否定双方之前的提议，而是在谈判过程中找到一个双方都能接受的方案，以使争议问题得到最终解决，就像上述案例中的问题，发电厂实际上并不是想要技术公司多么高的赔偿金，而是要解决实际问题，同时附带赔偿。所以，在双方陷入谈判僵局的情况下，发电厂提出让对方进行技术升级，为电厂解决实际问题。

5.4.4　运用休会策略

休会策略指的是当谈判进行到一定阶段或遇到某种障碍时，谈判双方或一方提出休会几分钟或一段时间，使谈判双方有机会恢复体力并调整对策，以推动谈判顺利进行。休会策略表面上是为帮助谈判人员恢复体力和精力，而更深层次上是帮助谈判人员调节和掌控谈判过程，为缓和双方紧张关系所采取的一种谈判技巧。

休会策略往往用于谈判出现僵局，或某个阶段接近尾声时，或者是谈判一方或双方对现有情况不满意，谈判出现低潮时。休会策略也要讲究时机和方式，不能有太强的随意性，否则容易打乱谈判节奏和秩序。

在谈判过程中，双方就某个问题各不相让，互不妥协，以致谈判无法继续，如果此时强行继续谈判往往徒劳无益，甚至适得其反，对方还有可能对此前已经达成的协议拒不承认，导致谈判破裂。

在谈判中，任何一方都可以将休会作为一种战略性手段，通过拖延时间间接达到预设目的，比如，中途接听个电话，走出房间去一下卫生间。回来以后可以说，"按照原来的谈判方案，我们不可能在××问题上有所让步，但刚刚领导给我打电话，可以有所调整"。

这样可以使对方认为这个让步是得到了领导的肯定，走出房间接电话就是证明，而且也确实有所让步，这样的过渡就非常自然，也更容易让对方接受。

在实际工作中，谈判会场是一个正式的工作场所，很容易给人一种紧张感，再加上谈判双方本身就代表两种截然不同的立场，当然容易引发观点冲突，使人产生烦躁不安的情绪，导致谈判无法有效进行下去。在这种情况下，采购方可提出暂时停止谈判，或安排一些娱乐活动，缓和双方的对立情绪。这是休会策略常用的手段，也是非常见效的方法。

在休会过程中，采购方可以借游玩、用餐等公共活动加强对对方的了解，消除彼此间的隔阂，也可以就僵持问题交流意见，毕竟在这种非正式场合所说的话，真实性往往更高一些。有时候，在谈判桌前几个小时、数个回合都无法解决的问题，在休会期间的交涉中竟然轻松谈妥了。

那么，休会策略到底该在何时使用呢？

（1）谈判进入低潮时。当双方谈判人员的精力和情绪可能已经积累到某个点，需要暂时休息时，可使用休会策略，以调整精神状态，顺便借此机会，与谈判成员再次商定接下来的谈判策略。

（2）出现僵局时。谈判出现僵局比较常见，如果在这时继续就某个问题争执，可能不会有太大进展，暂时休会是不错的选择。可以让双方都冷静下来，在休会期间可以重新思考自己的谈判方案，提出应对策略。

（3）出现新情况时。谈判中随时都有可能出现新情况，当谈判局势已经无法控制，或者严重偏离我方设定的谈判轨道时，就要果断提出休会，以免被对方牵制。

（4）进入阶段尾声时。当谈判进入某一阶段的尾声时，可以借休会分析这一阶段的成果，判断接下来的发展趋势，同时，对该阶段谈判的得与失进行总结。

总体来说，休会策略对谈判双方各有好处，提出的时机也非常重要，要想把握谈判的主动权，可以适时运用休会策略，对谈判进行有效切割，使之朝对我方有利的方向发展。事实上，休会往往由一方提出，但只有对方同意，休会才能真正有效。那我们该如何让对方同意我方的休会提议呢？

最重要的还是抓住时机，当对方有此想法，或为自身考虑需要休会时，我方可以直接提出，明确时间，争取对方的同意。

或者是给出合理的理由，最好是让对方无法回绝的理由，引导对方同意我方的休会提议。比如，以东道主的身份邀请从外地赶来的供应商谈判成员共进午餐。

另外，在提出休会提议以后，就不要再提其他新的问题，否则容易将对方的思路引向新的问题，而忽略休会提议。

既然我方可以使用休会策略，那对方也可以使用，如果我方不同意对方的休会提议呢？这时就要看对方提出休会的方式，如果是以暗示的方式，则可以佯装不知，不理会对方的暗示。

> **小提示**：如果情况紧急，必须在某段时间谈出结果，就可以果断拒绝对方的休会提议，并给出合适的理由，毕竟拒绝也是谈判的一种策略。

5.4.5 更换谈判人员

谈判中出现僵局，是比较常见的现象，往往表现为双方因维护各自的利益而产生冲突，但也有可能是谈判人员本身的问题导致的冲突。

最典型的现象就是谈判成员之间互有成见，特别是主谈人之间，在谈判桌上，就利益问题有所争议很正常，但有些谈判者会因此对对方进行人格攻击，因此导致场面不可收拾，可见谈判人员本身对谈判也很重要。

如果由于谈判人员本身的问题导致谈判陷入僵局，即使采取了缓和措施也难以从根本上解决问题，因为是谈判人之间有所矛盾，进而将对谈判问题的分歧发展为谈判双方的个人矛盾。

每个人都有自己的特点，性格、性别、年龄、受教育水平、生活背景等的不同造就了各人不同的个性特点；另外，在对待谈判问题上，有些谈判成员可能对专业问题缺乏足够认识，主观性过强，从而成为导致谈判僵局的问题源之一，双方成员也无心再继续谈判，在这种情况下，可征求对方同意，更换谈判人员——换个谈判人重新开始谈。

更换谈判人员对我方而言是一种迫不得已的被动行为，在实行前必须慎重考虑。在休会期间，双方可就谈判的利益取舍问题进行抉择，如果我方认为双方合作的潜在利益要大于现有的因让步而损失的利益，也就是说，更换谈判人员所带来的潜在利益更大一些，那我方可以选择更换谈判人员。

而且，在新一轮的谈判中，双方算是经历了暴风雨之后再次平静地回到谈判桌前，可能会比之前更积极地去解决分歧问题，谈判僵局也会由此被打破。但是在采取更换谈判人员这一措施时，要特别注意两点。

一是在更换前要向对方说明情况，取得对方理解，以便于开展之后的谈判，否则突然换人却未通知对方，很可能成为对方借题发挥的借口，带来新的麻烦。

二是千万要慎重换人，特别是主谈人，对此要进行充分考虑。对新组成的谈判团队要做好思想动员工作，使其迅速团结起来，为接下来的谈判打好基础。

在具体的更换名单方面，我们还是要以大局为重，例如，谈判已经进入下半场，除了一些关键问题外，大部分已经敲定，这时我方可以派出公司地位较高的人员接替原谈判人员，这既是为我方增加谈判成功的概率，也是向对方表明我们对打破谈判僵局的决心和重视程度。

> **小提示：** 更换谈判人员属于谈判战略中的下策，要谨慎使用，在是否更换谈判人员的问题上，公司需要慎重考虑，反复协商，确定其中的利弊关系；在新的谈判人员名单问题上，公司也要慎重选择，如果可以，尽可能选择那些有强话语权的领导级人物。

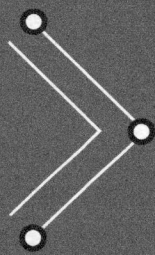

第 6 章

采购合同管理：防范采购风险，维护公司利益

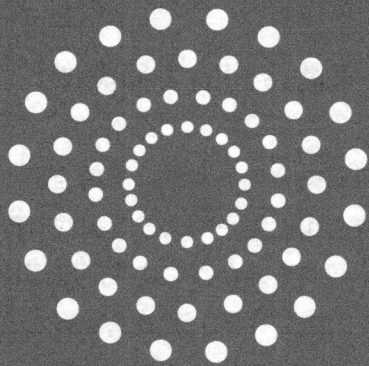

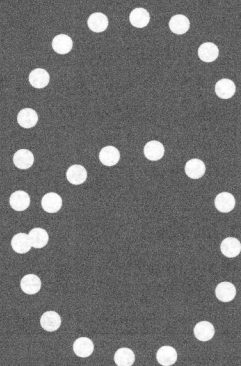

本章的重点内容是采购合同的管理，其主要目的是防范采购风险，维护公司利益。首先，我们先来了解采购合同的类型，本章列举了 3 种采购合同并逐一进行解读。其次，阐述了关于订立合同的问题，包括合同应该设置哪些条款以及注意事项。再次，阐述了采购方该如何维护自己的合法权益。最后，阐述了关于采购合同在签字方面容易陷入的一些误区。这些内容和问题都是本章的主要内容，也能帮助我们更好地了解和运用采购合同，维护公司利益。

6.1 采购合同的 3 种类型

分期付款采购合同、试用采购合同、凭样品采购合同，是采购合同中的 3 大主流类型。每一种类型的特点和优势是什么，有哪些值得注意的地方，在具体采购业务上如何运用这些不同类型的合同？这些问题都是本节要重点解读的内容，本节通过详细解读这 3 类采购合同，来增强采购人员的合同规范意识，帮助采购人员提高实际业务技能。

6.1.1 分期付款采购合同

分期付款采购合同是指买受人（又称买方）接收标的物后，分若干批次付清标的物总价款，或者买受人先分批支付一定的货款后出卖方开始分批供货，但在买受人收取全部货物后余款起码还应分两次付清的买卖合同。

分期付款合同是一种特殊的买卖合同，与其他合同的本质区别在于，买受人不是一次性付清全部价款，而是按照约定期限分批支付价款，这是判断某个买卖合同是否为分期付款采购合同的主要依据。

以采购事宜为合同签订的主要目的，采取分期付款的形式，是采购类合同的常见模式。但是否只要其付款时间在不同时段就可以视为分期付款采购合同呢？这需要对分期付款采购合同中的"分期"进行充分解释。

分期付款采购合同中的"分期"，指的是分为不同的期限，例如，双方在合同中约定，合同款项分 10 期付清，每期于每月最后一天支付，从签订合同的当月开始支付。从中可以看出，分期付款的采购合同所强调的期限是固定的，特指某个时间段。另外，分期付款采购合同还有两个特点。

一是标的物先行交付性。分期付款的采购合同是"物先交付型"的买卖，即出卖人将买卖标的物在买受人第一次支付价款时即交付给买受人；

二是价款的分期给付性。买受人的价款是按一定的期限分阶段支付的，即买受人在占有标的物之后，需分两期以上的次数支付价款，否则不属于分期付款采购合同。

所以，从以上信息可以看出，分期付款采购合同与其他合同的区别在于付款方式和期限——提前约定未来某个时间段交付一定的款项。可以说，分期付款的采购合同更是一种信用交易，交易的前提是，买卖双方在合同期内都有按期付款与供货的能力。

但是，在实际的合同执行过程中，却有很多因信用危机而导致合同无法执行的纠纷。即使在合同中有对违规方的处罚条款，但在落实时还有一定难度，而且也给另一方带来了实际的负面影响。比如，买受人在合同谈判期以及签订时，没有预见出卖人在未来供货时因自身资金周转困难，而产生供货困难的问题，进而影响买受人的正常供应链运转。

所以，为了维护买受人与出卖人的合法利益，在合同中必须明确双方应承担的义务，并附带违约责任，设定具体的违约金额。

作为买受人，在通过合同谈判阶段以后，在分期付款合同正式签订前要仔细审查合同文本内容，包括所涉及的物料数量、质量标准、包装要求、分期付款方式，还有交货的地点、方式以及期限等，都要仔细核对。

小提示：对于分期付款的相关内容，在谈判中就要争取对我方有利的条件，当然，在签订合同以后，就要按合同内容履约。

6.1.2 试用采购合同

试用采购合同指的是出卖人将标的物交给买受人试用，买受人在一定期限内使用后承认购买并支付价款的买卖合同。实际上，试用采购合同是在附带条件下签订的合同，需要买受人经过试用且承认购买以后合同才生效。有点类似于销售领域的免费试用的促销策略。

试用买卖，在国外又称为试验买卖和接受或退回买卖，其标的物的所有权转移不同于普通买卖合同。在试用采购合同中，除了双方签订合同外，出卖人还进行了交货，买受人已经实际占有了标的物，但在买受人明示或默示表示接收前，所有权不发生转移。

试用买卖在买受人承认购买之前，试用买卖合同并未生效，因此不发生标的物所有权的转移。

为促使买卖合同的效力能够有效执行，减少不必要的纠纷，《中华人民共和国合同法》第170条规定："试用买卖的当事人可以约定标的物的试用期间。对试用期间没有约定或者约定不明确，依照本法第61条的规定仍不能确定的，由出卖人确定。"合同法第171条规定："试用买卖的买受人在试用期内可以购买标的物，也可以拒绝购买。试用期间届满，买受人对是否购买标的物未作表示的，视为购买。"

接下来，我们对试用采购合同的关键要素进行梳理，并总结了3条签订试用采购合同的注意事项，如图6-1所示。

1．注意试用采购合同中的试用期限问题

（1）双方以自愿原则商定试用期限。标的物的试用期限是试用采购合同中的重要条款，而试用采购合同本身要符合合同的自愿原则，所以，在签订试用采购合同前，双方相关负责人要在合同中标明试用期限，如果没有约定，可以做出补充协议来强调。

注意试用采购合同中的试用期限问题

确定试用合同生效后的法律后果

确定试用合同标的物的风险

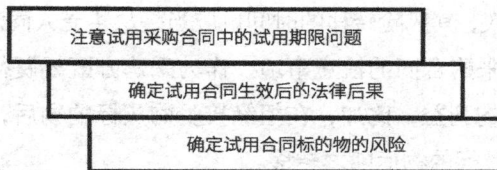

图 6-1　签订试用采购合同的注意事项

（2）根据合同条款确定试用期限。如果当事人在合同中未明确规定试用期限，也没有补充协议，则根据合同相关条款或者是交易习惯来确定试用期限。有些采购方与供应商不是第一次合作，彼此有一定信任基础，若合同没有规定试用期限，通常都是按照以往惯例执行，准确来说，这样的办法隐藏着一定的风险，所以，试用采购合同还是要规定好试用期限。

（3）由出卖人确定试用期限。如果双方当事人未约定试用期限或者约定的试用期限不明确，事后又不能达成补充协议来确定，且根据合同有关条款及交易习惯亦无法确定的，则依《中华人民共和国合同法》第 170 条的规定，由出卖人确定试用期限。

当然，即使由出卖人确定试用期限，还应当考虑到标的物试用或检验的合理期限的问题。事实上，如果试用期限太短，则买受人就不能充分地检验或试验标的物，从而不利于保护买受人的利益。

所以，综合来说，试用采购合同的试用期限问题是合同的关键问题，必须合法规定。采购方在遵循法律规定的前提下，要争取维护自己的利益，充分把握试用标的物。

2．确定试用合同生效后的法律后果

按照试用采购合同的法律规定，买受人在试用期内，表示同意购买标的物，即承认试用采购合同的效力。当然，也可以拒绝购买，不受其他条件或第三人的限制。但对标的物是否满意，买受人要及时对出卖人做出表示。

3．确定试用合同标的物的风险

依据《中华人民共和国合同法》规定，试用采购合同采用交付主题原则，但试用采购合同生效则属于附加条件合同，标的物虽然已经转移给买受人，但是标的物的风险负担并不因此而转移给买受人。

如果买受人不同意购买标的物，则试用采购合同没有效力，所以，如果标的物已交付给买受人，其风险转移的时间也应当是从买受人同意购买之时算起。

以上就是试用采购合同的注意事项，作为采购方既要履行合同中的条款规定，也要维护自己的利益，比如，在拒绝接受购买标的物后，标的物本身的风险也不会因为占有过标的物而随之转移。

6.1.3 凭样品采购合同

凭样品采购合同指的是以约定的货物样品决定标的物质量的交易约定，出卖人应交付与所保留的样品同一质量的标的物。这里的样品是指采购方当事人选定的用以确定合同标的物质量的物品。

例如，供应商为甲公司提供了某种零部件样品，同时，双方做出约定，已交付的货物应与封存的样品质量相同，这就属于凭样品采购。

凭样品采购合同中，约定的样品一经确定，当事人任何一方都不得任意更改。样品与买卖的标的物应为同一种类的物品，所以，样品买卖只适用于种类物（是指具有共同特征，用品种、数量、质量规格，即通过度、量、衡加以确定的物）的标的物的买卖。凭样品采购合同与其他合同最大的区别在于交付的标的物的质量与样品的质量相同。

如今，定制服务越来越受到消费者青睐。这不，最近曾先生在当地一家商场看到一套衣柜，非常满意，商场销售人员表示，可以为曾先生打造与样品一模一样的产品。于是，曾先生定制了一套实木衣柜，但是，没想到安装好以后，才发现衣柜下方的隐形门的材质与样式与此前的样品不一样。样品的隐形柜门是印花木门，而现在摆在家中的定制款却成了玻璃材质。

曾先生为此找到商场负责人，负责人表示只是一个隐形门，不影响实际使用，让曾先生凑合着用。随后，曾先生找到当地市场监管部门，商场才答应尽快解决问题。

曾先生的事情虽然是个人的消费纠纷，但也启示广大采购方，在凭样品采购前，一定要提前与供应商沟通好细节，包括样品的质量、规格型号、交货日期、售后服务等，都要在合同中详细标明。

凭样品采购合同中，要求出卖人也就是供应商要有"按样品的品质标准交付标的物"的担保，也说明了出卖人对样品承担相应的责任。因为样品买卖是以约定的样品来确定合同最终应当交付的标的物的品质，因而样品约定本身具有最重要的法律意义。样品买卖的当事人，应当封存样品，保证样品不受损害，以免影响当事人对样品的认知。

另外，凭样品采购合同的出卖人交付的标的物与样品及其说明的品质不相一致的，即应承担瑕疵担保责任。如果买受人以标的物的品质与样品不符而拒绝受领标的物时，应由出卖人证明标的物的品质与样品的品质相符，否则应负迟延履行的责任；买受人受领标的物后发现存在问题，做出请求补偿损失的行为时，应由买受人就标的物的品质与样品品质不符负举证责任。

> **小提示：** 无论是出卖人还是买受人，只要一方认为标的物与样品不符，就要拿出相应的证明材料，来证明自己一方的观点的正确性与合理性。这也说明了样品必须要保存完好，以便日后当事人发生纠纷以后，有可参照的样品材料。

6.2　订立合同

采购合同管理中，订立合同是非常关键的一步，特别是对于合同的内容，采购方的合同负责人要一一落实，认真审查。具体来说，在订立合同时如何设置合同的各项条款就是问题的核心，包括合同的标的条款、质量条款、交付条款、付款条款、违约条款，从物料到供货再到违约责任认定，各个细节都要仔细核对，防范采购风险，维护公司利益。

6.2.1　如何设置合同标的条款

合同标的是合同法律关系的客体，是合同当事人权利和义务共同指向的对象。标的是合同成立的必要条件，没有标的，合同不能成立。标的条款必须清楚地写明标的名称，以使标的特定化，从而能够界定权利和义务。

同时，标的又是合同权利和义务执行的对象。合同不规定标的就失去了目的和意义。可见，标的是一切合同的主要条款。《中华人民共和国合同法》第12条规定，所谓标的，主要指标的物，规定有所谓标的物的质量、标的物的数量。所以，对于《中华人民共和国合同法》及有关司法解释所说的标的，时常需要按标的物理解。

从分类看，标的物可以是实物、行为、智力成果，也可以是某种权利。那么，我们在设置合同标的条款时有哪些注意事项呢？如图6-2所示。

设置标的物正式名称，即标准的全称学名
注明标的物商标
明确标的物类型

图6-2　设置合同标的条款的注意事项

1．设置标的物正式名称，即标准的全称学名

在合同的具体条款中，当事人要注明标的物的正式名称，也就是标准的全称学名，而不是简称、俗称或概称。

此外，标的物的名称还要尽可能与国际标准或国际行业习惯相统一。在实际交易中，如果因为标的物名称与类似物料相混淆而带来的麻烦与纠纷甚至可以导致合同成为空壳，让当事双方或一方蒙受巨大的经济损失和信誉损失。

另外，由于标的物的名称有可能是同物异名，比如，同一个标的物在不同地区有不同的称谓，或不同的名字但指的是同一种标的物。所以，针对标的物的名称问题，采购方要注意同物异名的情况，必要时配上标的物图片，再加以描述性说明。

2．注明标的物商标

标的物商标是属于标的物本身的独有标志，代表着标的物的专属信息，也包括标的物的性能、质量和种类，有时候，不同品牌生产的同一产品，其价格、性能等差别也很大。

3．明确标的物类型

一般来说，标的物的类型主要有以下4种，分别是有形财产、无形财产、劳务、工作成果。

有形财产指的是具有价值和使用价值且法律允许流通的实物；无形财产是指具有价值和使用价值并且法律允许流通的不以实物形态存在的智力成果，包括商标、专利、著作权、技术秘密等；劳务则是不以有形财产体现其成果的劳动与服务，包括合同中承运人的运输行为、仓储中的保管行为等；工作成果则是指在合同履行过程中产生的、体现履约行为的有形物或无形物。

要注意区分标的物的类型和特征，以免因混淆对以后的合同实施造成不必要的麻烦。同时，在确定好标的物类型的基础上，还要对标的物的对应信息在合同中明确标示，包括标的物的名称、型号、品种、等级等，确保准确无误。

> **小提示**：在设置合同标的物条款时，除了一些基础信息需要反复核对，确保无误以外，采购方还要和供应商在具体标的物的设置细则方面仔细沟通，以保证在订立合同以后，双方可以顺畅沟通，开展合作。

6.2.2　如何设置合同质量条款

在订立合同前，合同质量条款是合同的重要部分，采购方要认真核实，确定有关质量条款的详细内容。如果合同的质量条款模糊不清，很容易导致当事人在履行合同与接受合同时，由于质量条款问题而增加意外风险，或者是给供应商留下某些设置陷阱的空间。

这样的后果就是采购方投入了财力和人力，标的物的质量却很可能出现问题，以致延误生产或产品交付客户的时机，也就违背了订立合同的目的。那么，采购方在设置合同的质量条款时，应该注意哪些问题呢？如图 6-3 所示。

1．合同质量条款内容应具体明确

在合同中，规定标的物的质量时不宜使用一些统称词，或模糊的字眼，比如左右、大约、误差等。无论以何种方式对标的物质量进行规定或描述，都要具体而明确，否则很可能在交付时产生纠纷。

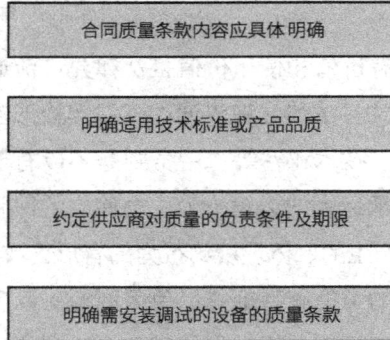

图 6-3　设置合同质量条款的注意事项

比如，山西某煤矿需要采购一批煤矿开采设备，由于采矿的生产特征是多高粉尘、高生产强度、高酸碱度等，所以，在设置采购合同质量条款时，必须对设备的相应质量有明确规定。

如果在合同中，采购方与供应商对标的物的质量没有明确约定，而在合同履行期间对标的物质量产生了纠纷，按相关法律规定，应按照国家标准、行业标准履行；若没有国家标准、行业标准的，按照通常标准或符合合同目的的特定标准履行。

所以，为避免不必要的麻烦，在合同中对质量条款的规定要具体明确，标的物应符合有关标准，以维护采购方的合法利益。

2. 明确适用技术标准或产品品质

合同中的质量条款在具体的规定中，应该明确标的物所适用的技术标准或产品品质，就其技术标准来说，我国的质量标准体系有 4 种，分别是国家标准、行业标准、地方标准、企业标准。所以，在合同中应明确采用的是哪种标准。

除国家规定的质量标准外，采购方和供应商还可以以其他方式对产品质量进行相应的描述与规定。比如，凭说明来表示产品的品质，包括文字、图片等。例如，供应商为采购方提供了一份产品的说明书，附带质量说明，所以在订立合同时标的物应当符合该说明书所附带的质量说明的标准。另外，工艺品类标的物可以以样品为标准，由供应商向采购方提供合格产品。

3. 约定供应商对质量的负责条件及期限

在订立合同时，采购方要注意约定供应商对质量的负责条件及期限。合同中要约定供应商对标的物的质量保证的具体条件及期限。比如，供应商所提供的产品保修期限和条件也应该一并附带在合同中。

一般的合同质量保质期限有 3 个月、6 个月或 1 年，当然，如果标的物的数量或标的物的表面存在瑕疵，采购方比较容易发现，但隐蔽瑕疵则不易被发现。所以，在合同中应当对标的物的数量和质量分别设置有效期限，具体的时间段采购方可以根据产品的具体情况来确定。

除了期限，合同的质量验收也要写入合同中，包括期限、地点、方法、责任承担等，属于验收条款中的细节。采购方和供应商可以委托专业的检验机构出具质量评定，同时双方也要对检验费用进行合理分配。

4. 明确需安装调试的设备的质量条款

很多时候，采购方采购的某些设备需要安装调试以后才能验证是否真正达到合同规定的质量要求，所以在合同中应当明确标示设备安装调试的具体指标，表述应清晰，数字应准确无误，避免产生歧义。如果设备需要试用一段时间才能发现是否存在质量问题，特别是隐蔽的质量瑕疵，不易被发现，就要在合同中约定比较长的产品质量保质期限，比如两年。

> **小提示**：合同的质量条款在合同中发挥着重要作用，既是合同目的的基础，又是标的物质量验收的依据。质量关乎采购方、供应商等多方面的利益，需要在合同中明确表示，对异议部分也要纳入合同附件中。

6.2.3 如何设置合同交付条款

合同交付条款是采购方与供应商对标的物的转移过程的约定，是合同中最重要的条款内容之一。买卖双方以约定的方式对标的物完成交接，交付条款就是针对标的物交接的具体规定，比如，关于交付的期限、地点以及运输方式等。那么，在合同的交付条款中，有哪些核心要素呢？如图 6-4 所示。

```
┌─────────────────────────────────────────┐
│                交付时间                    │
│  ┌──────────────────────────────────────┴──┐
│  │              交付地点                      │
│  │  ┌───────────────────────────────────────┴──┐
└──┼──┤            交付方式                        │
   │  │                                           │
   └──┤                                           │
      └───────────────────────────────────────────┘
```

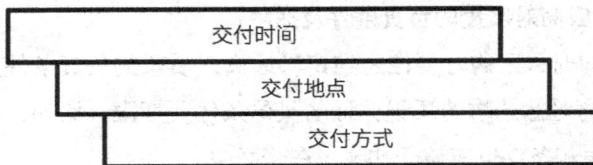

图 6-4   合同交付条款的 3 大要素

1．交付时间

合同中的交付期限是指出卖人的交货时间，可以在合同条款中明确规定出卖人的交付时间，具体来说有两种标准——履行期限包括履行日期和履行期间。

履行日期指的是履行时间不可分割，比如 2017 年 10 月 1 日交货，也就是在这一天交货；履行期间则是指具体的履行时间为某个时间区间段，可分为始期和终期，例如 2017 年 11 月 1 日至 10 日，出卖人可在这个期限内的任意一天交货。

根据履行期限的不同，合同可分为即时履行合同、定时履行合同和分期履行合同。合同的履行期限将采购方与供应商约定的交货日期固定下来，在交付条款中，对履行期限有明确约定，能够给采购方以确定的期限利益，也能防止供应商到了约定期限以各种理由推托交货。

2．交付地点

合同中的交付地点指的是出卖人交付货物或买受人提取货物的地点。交付地点在采购合同中具有重要意义：交付地点既是采购方与供应商确定验收地点的依据，也是确定交付的费用和风险由谁承担的主要依据。另外，一旦双方发生纠纷，交付地点还涉及仲裁机构或人民法院对合同纠纷的管辖权。

在履行合同中，将货物转移到指定交付地点的方式有 3 种：第一种是由出卖人运送货物，交付地点为买受人所在地；第二种是出卖人代办托运业务，交付地点为货物的发运地；第三种是买受人自提货物，交付地点就是货物提货地。需特别指出的是，不动产买卖采购合同的交付地点为不动产所在地。

3．交付方式

采购合同中的交付方式指的是以哪种方式完成货物的转移。一般来说，有 3 种情况：一是送货上门；二是采购方自提；三是代办运输，即委托第三方运输，其中代办运输还分为汽运、水运、航空运输等方式。实际上不同的交付方式在转移时间、潜在风险以及运输风险的责任分配方面是不同的。一般来说，由供应商送货上门的风险最小，采购方自提次之，而代办运输风险最大。

合同中的交付条款主要是采购方与供应商对货物的交付时间、交付地点以及交付方式进行明确规定，这也是日后双方履行合同的依据。

当然，在交付条款的内容方面，采购方还应注意交付的一些细节问题，比如，交付过程中产生的运输费用由谁承担，如在运输过程中出现问题，造成货物损坏，由谁承担责任。采购方要将这些由交付产生的潜在问题写入合同附件，规定双方责任和义务，避免引发不必要的纠纷。

6.2.4　如何设置合同付款条款

合同付款条款是采购方与供应商约定的关于货款支付的货币、金额、方式以及支付时间等各项内容，按照合同的规定，支付货款是采购方对供应商需要承担的基本义务。那么，在合同的付款条款中，具体有哪些内容呢？如图 6-5 所示。

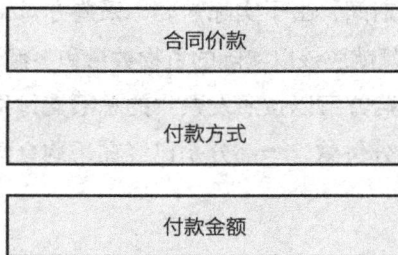

合同价款

付款方式

付款金额

图 6-5　合同付款条款的主要内容

1. 合同价款

在合同的付款条款中必须要有合同价款的内容，特别要注意合同价款的大小写应一致。如果货物是按单价计算，则要明确标明货物的单价、总价以及核算方式。

如果采购合同中有涉及海外业务的内容，需要明确约定以何种币种进行结算，以避免因汇率变化而出现的币种升值或贬值的问题。

2. 付款方式

采购合同的付款条款中应约定明确的付款方式。付款作为采购方最主要的义务，主要涉及付款条件、付款方式、发票开具等具体事项。

付款条件主要是看货物与款项的先后顺序，是先付款后发货还是先发货验收合格以后再付款；付款方式指的是现金付款或银行转账，在转账支付时需对方提供账户的信息；发票开具包括先开票后付款和先付款后开票。

如果是一次性支付货款，采购合同中应当注明付款的时间、方式，以及运费、税种等问题。如果是分期付款，则要注明每期付款的条件、数额、时间，以及对应的运输条件。

在维护权益方面，可在采购合同的付款条款中添加质保金条款，比如，供应商没有按照约定提供货物发票，就可以按照规定执行违反条款。

3. 付款金额

通常来说付款金额就是合同规定的总额，但在履行合同过程中，付款的金额与合同的总额会有不一致的情况。比如，采购合同中约定分批交货、分批支付，所以，每批支付的金额只是总金额的一部分。

此外，在履行合同期间，由于实际需要，采购方对每一批次的货物需要增加或减少时，付款的金额就应该以实际的货物数量和金额计算。

在实际付款时，采购方可以按照发票中的总额支付货款，同时在发票中列出明细，也可以分两部分付款，一部分是已经在采购合同中约定的金额，附加费用则另行计算。

> **小提示：** 合同的付款条款涉及资金流转以及货物的交付问题，在实际履行合同过程中，付款条款往往和交付条款对应而设，交付条款会影响付款条款，采购方负责人应该仔细核对。

6.2.5 如何设置合同违约条款

合同违约条款是合同的重要条款，是担保合同全面履行、补偿守约方的损失、惩罚违约方违约行为的重要措施。

采购方和供应商可以在订立合同之前，就违约条款的具体内容全面协商，确定一致以后写入合同，如果一方违约，可以按照合同约定赔偿另一方损失。若合同当事人严重违约，给另一方造成严重损失，违约方要承担民事责任。在这里需要说明一下，违反合同并不一定要承担民事责任，只有在某些特定条件下，违约当事人才需要承担违约的民事责任。

根据法律的规定，构成违约责任应具备的要件有 3 点：一是有不履行或者不完全履行合同义务的行为，二是当事人的违约行为造成了损害事实，三是违约行为和损害结果之间存在着因果关系。

设置合同违约条款时，比较重要的内容就是违约责任，那合同的违约责任具体有哪些呢？如图 6-6 所示。

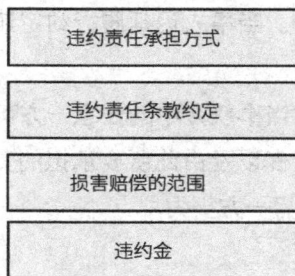

```
┌─────────────────────────┐
│     违约责任承担方式      │
└─────────────────────────┘
┌─────────────────────────┐
│     违约责任条款约定      │
└─────────────────────────┘
┌─────────────────────────┐
│     损害赔偿的范围        │
└─────────────────────────┘
┌─────────────────────────┐
│       违约金             │
└─────────────────────────┘
```

图 6-6 合同违约条款的具体内容

1. 违约责任承担方式

当事人一方不履行合同义务或履行合同义务但不符合约定的，应当承担继续履行、采取补救措施或赔偿损失等违约责任。

2. 违约责任条款约定

违约责任可由合同双方协商一致以后写入合同，并做详细约定，比如，确立总的违约责任规定，"任何一方违反本协议导致本协议无法继续履行的，违约方需赔偿守约方违约金人民币 ×× 万元，该违约金不足以弥补守约方实际损失的，违约方应赔偿守约方所有实际损失"。

3. 损害赔偿的范围

当事人一方不履行合同义务或履行合同义务但不符合约定，给对方造成损失的，损失赔偿额应当相当于因违约所造成的损失，包括合同履行后可以获得的利益，但不得超过违反合同一方订立合同时，所预见到的或应当预见到的因违反合同可能造成的损失。

如果供应商对采购方所提供的货物或服务有欺诈行为，采购方可依照《中华人民共和国消费者权益保护法》的相关规定要求供应商承担损害赔偿责任。

4．违约金

当事人可以约定一方违约时应当根据违约情况向对方支付一定数额的违约金，也可以约定因违约产生的损失赔偿额的计算方法。

约定的违约金低于造成的损失的，当事人可以请求人民法院或者仲裁机构予以增加。如果约定的违约金过分高于所造成的损失，当事人可以请求人民法院或仲裁机构予以适当减少。当事人迟延履行约定违约金的，违约方支付违约金后，还应当履行债务。

合同的违约条款是针对当事双方中的任意一方可能出现的违约情况进行前期约定，划清双方的违约责任以及由此所要承担的责任，一般情况下肯定是由违约方承担违约责任，赔偿另一方损失。

> **小提示：** 在确定合同的违约条款责任时，要考虑到合同内容的特殊性，主要以继续履行、赔偿损失为主，以禁令、申明等防范、补救措施方式为辅，争取合同双方的利益得到最大限度的保障。

6.3　采购方如何维护自己的合法权益

在签订采购合同时，采购方如何维护自己的合法权益呢？具体来说，是从采购方的角度，针对合同履行期间所出现的各种情况采取一定的措施。比如，物品价格疯涨，对方要求变更合同怎么办？供应商逾期交付如何处理？过了验收期发现质量问题怎么办？本节就以这些问题为主要内容，解读采购方维护自己合法权益的措施。

6.3.1　物品价格疯涨，对方要求变更合同怎么办

当物品价格疯涨，对方要求变更合同时，采购方应该怎么办？是应供应商的要求提高采购价格，还是坚持要求供应商按原合同价格供货？这就涉及到合同变更的问题。

《中华人民共和国合同法》规定，如果当事人协商一致可变更合同。同时，有效的合同变更必须有明确的合同内容的变更，如果当事人对合同的变更约定模糊，则视为没有变更。

合同变更是指当事人对已经发生法律效力，但尚未履行或者尚未完全履行的合同，对其进行修改或补充所达成的协议。

供应商由于物品价格疯涨，所以想要变更合同，提高货物采购价格，从实际的合同履行情况看，最好的结果是双方协商一致，对合同变更的内容没有异议。但从采购方来看，已经签订了合同，却由于不可预见的物价上涨，自己就要多支付供应商物料费用，显然不太合理，如果下次供应商再次以物料原价上涨为由，要求提高采购价格、变更合同，采购方又该怎么办？

所以，作为采购方，要想维护自己的合法权益还是要从供应商给出的理由入手。当供应商以物品价格疯涨为由要求变更合同时，采购方不应直接答应，而是要采取正确的应对措施。

首先，要确定供应商的理由是否为真。采购人员可以直接对物料价格进行了解。一般情况下有两种结果：一是确实因为原材料价格上涨，导致供应商的成本上升，所以对方提出加价；二是原材料成本对供应商的生产成本影响不大，提出变更合同的理由过于牵强。

其次，要求对方提出变更合同的有效证明。即要求供应商就其要求变更合同给出充分理由，必要时辅以第三方鉴定机构的证明，这样做的目的是确定物品价格上涨与所采购货物有直接关联。

最后，按照合同规定处理。如果在签订合同时，对因物价上涨导致的问题有所规定，则按照先前约定处理。

比如，在合同中规定，供应商供应的物料在一定时间内价格如有变动，需要提前 7 天通知采购方，以书面形式的价格变更通知单为准，并经采购方书面确认后方可生效，对在物品价格上涨前已发出的订货单仍以原价格为准，供应

商应按订货单的订货量准时发货。

市场波动会直接影响原材料的价格，这是正常的市场反应，这种反应传导至供应商，最直接的结果就是要求采购方变更合同。

> **小提示**：作为采购方，还是要根据实际情况制定解决方案，既然已经签订合同，采购方和供应商就要按照合同规定履行各项条款，即使有特殊情况也最好先协商，针对变更合同的各项事宜仔细斟酌，最大限度地维护自己的合法权益。

6.3.2　供应商逾期交付怎么办

供应商临时通知采购方逾期交付的情况很常见，供应商的理由非常多，比如生产线出现问题、原材料无法及时到库、紧急情况需要时间处理等。

面对供应商的逾期交付，采购方可以视情况确定应对策略，如果不是非常紧急的采购任务，对方逾期交付，作为采购方可以推迟付款。例如，以往都是货到付款，由于供应商的逾期交付，采购方可以延迟付款日期。

如果由于供应商逾期交付导致合同目的无法实现，就可以按照合同要求供应商承担违约责任，解除合同。在签订的合同中，采购方属于买方，供应商属于卖方，而客户是第三方，如果因为供应商的逾期交付，导致采购方无法及时向客户交货，就要按照合同约定，由供应商承担违约责任。同时，向客户说明情况，对由于交期推迟给客户造成的麻烦表示歉意。

一旦出现供应商逾期交付的问题，采购方要想维护自己的合法权益，就要从以下3个方面入手，积极应对，如图6-7所示。

（1）与供应商及时沟通，确定准确信息。要求供应商给出确切的交付日期，如果可以暂缓则可以让供应商延迟交付，但要按照合同规定由供应商应承担违约责任。如果是一次性合作的供应商，采购方则要考虑是否在本次合作以后，结束与其合作的可能。

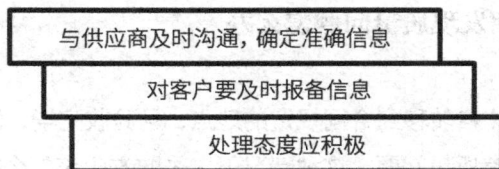

图 6-7 供应商逾期交付如何应对

（2）对客户要及时报备信息。如果因为供应商逾期交付导致无法准时向客户交货，就要向客户及时解释。电话、邮件或面对面沟通均可，采购方要向客户表明很珍惜双方的合作关系，希望没有对合作关系造成影响，今后将尽全力避免发生类似的事件。

（3）处理态度应积极。采购方要坚持出现问题不逃避，积极沟通，与供应商协商解决，尽快找出妥善的补救方案，对客户表现出诚意。同时，始终严把质量关。

供应商逾期交付会在一定程度上影响采购方的生产计划，从合同角度看，采购方要积极维护自己的合法权益，可以按照合同中的约定条款，对供应商采取相应的措施。但在出现问题之前，采购方也要想到潜在的风险，制定应急预警方案。

所以，采购方要从日常的供应链管理入手，加强与供应商的合作，签订合同之前，对该供应商进行严格审查，确定其符合我方的采购标准；签订合同以后，采购、跟单、质检、物流等，都要与供应商及时对接，把控物料的质量和交货期。在交付日期方面，采购方最好在合同中预留出充足的时间，尽可能避免出现逾期交付的情况。

小提示：采购是对供应链物料的补充环节，以保证整个供应链正常运转，这也对供应商的按时交付提出了要求，所以，采购方要在合同和跟单方面有所防范，要想维护自己的合法权益，还是要从日常工作做起。即使出现逾期交付的问题，采购方也要与供应商积极沟通，争取尽快解决问题。

6.3.3 过了验收期发现质量问题怎么办

供应商按时将物料转移到合同规定的地点，且验收完毕，但在使用物料时，采购方才发现物料有质量问题。这种情况下，采购方应该怎么办呢？

某装饰材料公司向某供应商进购了 18 箱有机涂料，供应商与材料公司交接时，材料公司采购人员验收合格以后，涂料进仓入库。但在随后为客户装修房屋时，发现涂料有质量问题，于是，要求供应商换货，但供应商以过了验收期为由，拒绝换货。而客户方面，因为涂料不合格延误了接下来的施工进展，要投诉该装饰材料公司。

根据《中华人民共和国合同法》相关规定："买受人收到标的物时应当在约定的检验期间内检验。没有约定检验期间的，应当及时检验。"所以说，检验是买受人的权利也是义务，买受人负有验货的义务。若已约定好检验期，采购方应该在检验期间内检验；未约定检验期间的，采购方应当及时检验。如果买受人没有及时验货，却在后续发现问题，很容易导致对自己不利的法律后果。

另外，根据《中华人民共和国合同法》第 158 条的规定，买受人没有及时验货的法律后果分为 3 种情形。

（1）当事人约定检验期间的，买受人应当在检验期间内将标的物的数量或者质量不符合约定的情形通知出卖人。买受人怠于通知的，视为标的物的数量或者质量符合约定。

（2）当事人没有约定检验期间的，买受人应当在发现或者应当发现标的物的数量或者质量不符合约定的合理期间内通知出卖人。买受人在合理期间内未通知或者自标的物收到之日起两年内未通知出卖人的，视为标的物的数量或者质量符合约定，但对标的物有质量保证期的，适用质量保证期，不适用该两年的规定。

（3）买受人有证据证明出卖人知道或者应当知道提供的标的物不符合约定的，即出卖人存在欺诈，则买受人不受上述两条规定的限制。

而在上述案例中，装饰材料公司在涂料的验收期内未发现问题，而且，装饰公司也未提出有效证据证明装修有问题是涂料所引起，所以，供应商有权拒绝换货。

作为采购方，当然不希望由于过了验收期才发现质量问题而无法维护自己的权益，这也提示采购方一定要注意货物验收环节，并且要在合同中注明质量保证期限，因为有些标的物本身存在较为隐蔽的质量问题，无法在验收期间立即发现。

所以，即使采购方在验收报告上已经签字，也不意味着买卖合同中的出卖人不再承担瑕疵担保义务，如果买受人在法定时间内提出异议，出卖人仍应承担相应的合同义务。

> **小提示：** 作为采购方，要在问题出现之前想好应对策略，在验收期间认真验收货物，在合同中规定供应商的质量标准期限，从预防入手，才能真正维护自己的合法权益，避免一些不必要的麻烦。

6.4 采购合同签字容易陷入的误区

采购合同中，在签字方面也容易陷入一些误区，包括合同签字盖章与是否有效之间的关系，已经离职人员的签字是否有效，没有签字权利者签的合同是否有效等。本节综合性探讨合同签字与生效之间的成立关系，合同的签字也属于合同的一部分，采购方对此要格外重视。在合同签字环节也会有相应的问题和误区，本节将详细解读这些可能会经常遇到的误区。

6.4.1 合同签字盖章后，就一定生效吗

在合同上签字盖章是合同当事人对合同无异议的表达形式，也是合同产生效力的实质性标准。不考虑其他情况，当事人双方在协商一致的合同上签字盖章以后，该合同即对双方产生法律约束力，必须严格遵守。所以，签字盖章是合同中的重要行为，当事人应予以高度重视。

但合同签字盖章后，就一定生效吗？答案是不一定。这就要具体区分签字

盖章以及当事人的情况。如果合同存在明显的欺诈行为，而采购方在未知情况下签字盖章，那这种合同的法律效力就值得商榷。还有一些合同规定必须有手印才可以，如果只是签字盖章但没有手印，那该合同也是没有法律效力的。

以上只是简单列举了合同的签字盖章与法律效力之间的关系。那么，在合同签字盖章方面有哪些细节性问题呢？如图 6-8 所示。

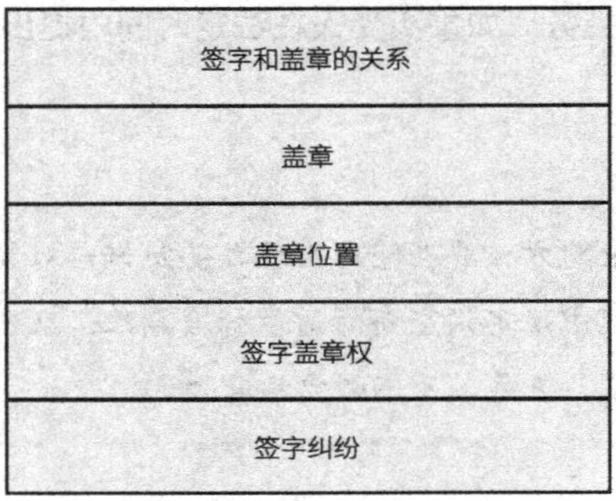

图 6-8　合同签字盖章的细节

1. 签字和盖章的关系

《中华人民共和国合同法》规定的是签字或盖章，只具其一即可，但合同可约定签字并盖章合同方可生效。另外，盖章要与订立合同的主体相符。若合同当事人一栏与盖章主体不一致，将给合同的履行带来不必要的麻烦。

2. 盖章

一般正规公司都有几个必须有的章：一是行政章，也就是公章；二是财务章；三是合同专用章；有些公司还有业务专用章、部门专用章等。不同的章代表了不同的内容，而签订合同只能使用公章或合同专用章。

3. 盖章位置

关于在哪里盖章——一般在合同的落款处签章，此外还要再加盖骑缝章或骑缝签名。谨慎起见，也可以在合同的每一页都签字盖章。

4. 签字盖章权

如果采购方是属于母公司的子公司，则有权自行签订合同；分公司可以以自己名义订立合同，但需经总公司授权；而单位的内设机构则无权限签订合同。

5．签字纠纷

因合同的签字引发的纠纷，比如合同的甲方认为自己没有签字，而乙方所持有的合同显示有甲方代表人员的签字。这时就需要对签字进行鉴定。虽然签字可被模仿，但大部分情况下专业鉴定机构可鉴定出模仿的签字，当然，也有极个别是无法鉴定的。

所以，在合同上签字时最好用蓝黑色的签字笔，易于分辨是否为原件。如果使用炭素笔，原件与复印件难以分辩，很容易带来一系列的麻烦。

> **小提示：** 采购合同签字盖章前，采购负责人员应当对合同的具体内容进行最后的审查确认，在没有异议的情况下签字、盖章，避免先签字盖章，再填写合同内容。另外，采购方对印章和合同专用章要实行严格的管理制度，防止发生私盖或盗盖印章的情况。

6.4.2　合同没有签字盖章，就一定无效吗

如果合同没有签字盖章，原则上没有效力，但《中华人民共和国合同法》第 37 条也规定了例外情形，即采用合同书形式订立合同，在签字或者盖章之前，当事人一方已经履行主要义务，并且对方也接受的，该合同成立。如此规定在很大程度上避免了因形式要件的欠缺而损及合同的效力，可以维护当事人的权益，也加速了市场商品经济的流转。

在这里，需要注意的是，没有签字盖章的合同是否具有效力，具体来说可以根据以下 6 种具体情况加以认定。

第一种是只有一方当事人在合同书上签字或盖章，如果一方（不论是否是签字或者盖章的一方）履行了合同的主要义务并且为对方所接受，则该合同成立，而不论接受方是否履行了其应负的义务。

第二种是只有一方当事人在合同书上签字或者盖章，如果一方（不论是否是签字或者盖章的一方）履行了合同的主要义务，但不为对方所接受，该合同不成立。

第三种是只有一方当事人在合同书上签字或者盖章，但是双方当事人均未履行合同的主要义务，则该合同不成立。

第四种是双方当事人均未在合同书上签字或者盖章，但是当事人一方已经履行了其主要义务而且为对方所接受的，该合同成立，而不论接受方是否履行了其应负的义务。

第五种是双方当事人均未在合同书上签字或者盖章，当事人一方已经履行了其主要义务但不为对方所接受的，该合同不成立。

第六种是双方当事人均未在合同书上签字或者盖章，双方当事人均未履行合同的主要义务，则该合同不成立。

从以上情况分类来看，合同是否签字盖章与合同本身是否成立并产生法律效力存在一定关系：合同签字盖章了不一定生效，但没有签字盖章不一定代表无效。

合同的签字盖章对合同以及双方当事人的意义不言而喻，直接来看，没有双方当事人的签字盖章，当然也就无法确认当事人对合同的内容是否协商一致，也就不能证明合同是否成立有效。但签字盖章属于合同中的表达形式的问题，本质上应该看双方当事人以及合同履行的真实情况。

从采购方角度看，合同没有签字盖章之前，需要对合同各项条款仔细查看，确定信息真实性、有效性和可执行性。如果供应商以未签字盖章为由，拒绝履行合同，我们就可以按照未签字盖章的但具有效力的合同向供应商提出履行要求。

小提示：为避免不必要的纠纷，在合同的签字盖章项目上，采购方要认真对待，与供应商充分沟通。

6.4.3 已离职人员签的合同还有效吗

与对方签订了合同，对方项目负责人却在签订合同之后离职了，那份由已离职人员签订的合同还有效吗？一般来说，如果已离职人员是代表公司签字盖章，那么，即使离职，采购方与供应商签订的合同仍然有效，双方仍要按照合同要求继续履约。当然，如在合同中标明"离职失效"则要另外看待。

甘肃某摄影工作室向摄影器械设备公司进购了一批摄影器材，器械公司委派全权代表人小叶与该工作室签订了合同。所以，在合同上签字的是小叶，而合同上盖的是该器械公司的合同专用章。但一个半月之后，器械公司通知摄影工作室，由于小叶已经离职，不再是该公司员工，所以他签订的合同是无效的。

但是，此时工作室已经一次性向器械公司支付了两笔费用，按照合同约定，工作室作为采购方，在交付第一批器材时，需要一次性付款，之后按照合同约定的时间再分批交付剩余的货物。也就是说，该工作室已经提前交了部分货款，而此时，器械公司以当初代表人已离职为由，不想继续履行该合同。

该工作室紧急联系到了已经离职的小叶，小叶表示自己因为家庭情况迫不得已紧急离职，但当时签订合同确实没有欺诈之意，同时，小叶表示会与前公司领导沟通，希望器械设备公司继续履行合同条款。

同时，工作室采购人员与摄影器械公司代表联系，希望对方继续履行合同或赔偿损失，因为与小叶签订的合同应为有效合同。而且，签订合同时，小叶已经得到公司的全权代理，使工作室有理由相信，小叶的行为可以代表当时其所在的器械公司，且主观上是善意的，所以签订的合同没有违背法律法规。

在这个案例中，小叶与器械设备公司之间的代理行为在法律上被称为表见代理行为。所谓表见代理，是指行为人虽无代理权，但因被代理人的行为造成了足以使善意相对人客观上有充分理由相信行为人具有代理权的表面特征。

与表见代理所对应的就是无权代理，无权代理指的是非经被代理人追认不发生代理的效果。而在表见代理情况下，将直接发生代理的效果，无须被代理人追认。

《中华人民共和国合同法》第49条规定："行为人没有代理权、超越代理权或者代理权终止后以被代理人名义订立合同，相对人有理由相信行为人有代理权的，该代理行为有效。"

所以，如果和我方签订合同的代表提供了合同书以及公章，使我方完全有理由相信对方代表有代理权，是典型的表见代理，那么，该合同依然有效。

另外，为进一步维护自身的合法权益，在签订合同之前，采购方应考虑到由于签字代表离职或供应商倒闭所带来的极端后果以及风险，必要时写入合同条款。

6.4.4　没有签字权利者签的合同有效吗

没有签字权利者签的合同有效吗？回答这个问题前，要对签字的权限进行确认。那么，什么样的人有权限在合同上签字呢？主要有两类人。

第一类是公司法人或经授权的人员，包括公司的法定代表人、其他组织的负责人。经公司授权的人员，必须持有经公司盖章的授权委托书原件，且授权委托书上的授权应明确具体，包括被授权人的基本情况，授权的时间范围、对象等，且有授权人或授权单位的盖章或法定代表人的签字以及授权日期。相反，未经授权的人员签订的合同对公司不具有约束力。

第二类是自然人，包括本人或者是代理人。其中，代理人需拥有经本人亲笔签名的授权委托书原件，且授权委托书上的授权应明确、具体。

除了强调权限外，无论合同签字者是公司法人代表还是被授权人，合同的当事人必须具有签约能力，《中华人民共和国合同法》规定：“当事人订立合同，应当具有相应的民事权利能力和民事行为能力。”所以，在订立合同时，必须让拥有签字权限且具备缔约能力和主体资格的人签字。

当然，没有签字权利者签的合同是否有效，还是要根据实际的合同执行情况来确定。比如，供应商在合同中只盖了合同专用章，同时，让没有获得真正授权的代表签了字，而采购方已经签字盖章，并且已经收到供应商发送的货物。这时，也可以认定合同有效，因为已经履行了合同义务。

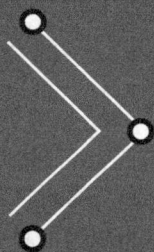

第 7 章

采购订单处理：确保物料能满足生产计划要求

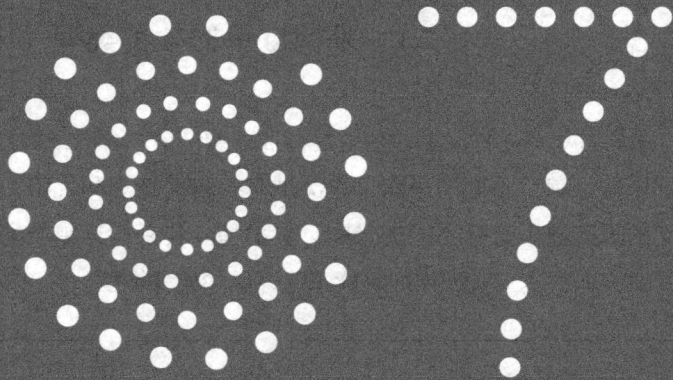

7

采购订单直接关系到物料与供应链的正常供应与运转，采购人员需对采购订单进行适当处理，以确保物料能满足生产计划要求。采购订单的类型、采购物料请购、采购订单跟踪、物料交货与验收等，都属于采购订单处理的范畴。本章就围绕这4大主题来解读有关采购订单处理的各项问题，让你对采购订单处理在短时间内有快速了解，即时上手操作。

7.1　采购订单的4种类型

采购订单有4种类型，分别是标准采购订单、合同采购订单、一揽子协议、计划采购订单。不同的采购订单类型有各自的特点和优势，采购人员可以针对不同的采购需求选择不同的采购订单类型。各采购订单类型有哪些值得我们关注的地方呢？本节就来详细解读采购订单的4种类型。

7.1.1　标准采购订单

标准采购订单的采购流程一般是这样的：公司采购部门负责人根据实际业务需要整理请购单，或者根据供应商的报价单填写采购单，然后交由部门领导审批或更高层级领导审批，审批通过后，采购员通知供应商根据约定提供货物。

标准采购订单往往适用于从某个供应商处做一次性的物料或服务的采购活

动，所以，采购人员需与供应商明确采购对象，包括物料的数量、包装、规格、颜色、发货计划等采购细节。但是，标准采购订单模式多数情况下不存在长期约定现象，适用于一次性或低频率采购需求。

如果进一步细分，标准采购订单又可以分为采购订单和标准订单，两者的区别在于采购订单是公司相关部门根据采购的需要所罗列的采购清单，而标准订单则是严格按照公司章程制定的且经过相关部门和人事确认的采购清单标准文件。

在实际的供应链运行过程中，标准订单就是采购订单，但采购订单又不完全等同于标准订单。但是也有少数公司，其采购订单就是标准订单。标准采购订单的使用情况要针对不同的公司情况来确定。图 7-1 所示为一份简易的标准采购订单。

×× 公司标准采购订单（样式）

订单号：　　　　　　合同号：　　　　　　供应商名称：　　　　　　需方名称：

订单类型：　　　　　供应商编号：　　　　发票接收地址：　　　　项目类型：

地址：　　　　　　　运输方式：　　　　　联系人：　　　　　　　联系电话：

传真：　　　　　　　电子邮箱：　　　　　付款条款：　　　　　　审核人：

序号	物料代码	品名	规格型号	单位	数量	税率	单价（元）	合计金额（元）	交货日期	运费承担方	备注
合计											

经办人（签字／盖章）：　　　　审批（签字／盖章）　　　　供应商确认（签字／盖章）：

日期：　　　　　　　　　　　　日期：　　　　　　　　　　　日期：

图 7-1　标准采购订单

标准采购订单是指将采购部门需要采购的物料进行统一整理，然后报给供应商直接采购的订单，采购人员需要对采购物料有清晰记录，便于供应商按订单发货，提高工作效率，确保物料能满足生产计划要求。

7.1.2　合同采购订单

合同采购订单是指有采购需求的公司与供应商签订采购合同，供应商向采购方提供采购合同约定的所有物料，且不对采购物品提出限制的订单。合同采购订单也可以理解为将采购行为纳入特定合同，采购方和供应商将采购活动看作一个合同来完成。

合同采购订单是一种协议，只确定总金额数，适用于未确定购买对象而只确定了供应商和采购金额的情况。比如，连锁超市进货需要根据市场变化来决定购买对象，因此可以先确定供应商和采购总金额，在实际需要时，再决定采购的内容。

某省会城市一家特大型超市此前一直采用标准采购订单，每周三由各销售区的采购人员统计需要采购的货物以及数量，随后填好表格交给采购主管；然后，采购主管和超市领导层人员协商，以确定最终的采购物料种类和数量；最后，与供应商对接信息，确认无误以后，供应商发货。

按照标准采购订单的模式，整个流程下来至少需要3天的时间，有些货物需求量大，供应商一时无法调配的话，所需的时间更长。后来，超市决定改变采购订单模式，采用合同采购订单，确定这个思路以后，采购主管建议先通过需求量大、运输成本小的货物进行试采购。

通过与供应商协商，该超市最后与供应商签订了一个总价为50万元的合同采购订单，订单约定在15天的订单期内，供应商拟向超市提供40万～45万元的货物，具体的货物以及种类根据超市实际采购需要设置。

在试采购期间，超市每天晚上7点前，汇总采购清单，由采购副总审核确认，然后在当天晚上10点前发给供应商，供应商当即根据订单配送货物，保证第二天5点至6点派送到超市。采购货款每7天进行一次结算，最后进行汇总。

经过半个月的试采购，超市的采购效率提升了40%，供应商的物流速度也提高了80%。虽然最后核算结果显示，比预期的采购成本略多出一点，但整体的采购效率大幅度提升，超市员工的工作量也减轻了不少。后来，经过5个月的运营与调整，该特大型超市的合同采购订单模式更加成熟，采购成本也有了明显下降。

合同采购订单是从总的采购金额入手，不确定采购对象，既给了采购方一定的自由选择权，也让供应商可以更加灵活地应对采购方需求。

在该订单类型中，物料的单价问题是采购方与供应商关注的焦点，因为总额不设定采购对象，所以对采购对象的单价问题，双方需要仔细协商。

> **小提示：**有些批量大的货物可以降低单价，而批量小、批次多的货物，供应商的成本相对高一些，采购方可以尽可能使用多批量采购的办法，以降低采购频率，降低采购成本，在这点上，采购人员可以参考标准采购订单的物料报价。

7.1.3 一揽子协议

一揽子协议采购业务是指采购方与供应商签订协议，约定采购方采购物料时，由于采购量的变化，供应商根据实际情况给予采购方相应的价格折扣。使用一揽子协议制定采购订单时，只有价格，没有数量。采购数量根据实际情况填写，而具体价格则是根据数量进行价格折扣以后计算出来的。

在一揽子协议中，可以采用分段价格，即就单个物料的数量折扣进行协商，采购方以此获得更大优惠。简单举个例子，根据一揽子协议采购订单约定，某产品当采购数量在 10 ～ 20 台时，单价为 128 元。采购数量每增加 5 台，价格在原来基础上相应下调 8%，前提是仅限增加的部分，最高折扣为 18%。

一揽子协议适用于长期采购计划，一般是 6 ～ 12 个月，在协议有效期内，双方确定采购总量。根据协议约定，供应商采取稳定的定价策略，也拥有权限可灵活地更改对订购数量的承诺和交货计划，而供应商之所以愿意降价，多是因为采购方的采购量比较大，合作时间长，需求较为稳定。

采购方则可从中获得价格折扣，保证供应链的完整与及时，一次签订，多次要货。对采购方来说，随时需要，即可随时向供应商要货，只要在协议签订的有效时间范围内向供应商采购合同规定的数量或总金额即可。

一揽子协议的采购订单模式实际上是以一种协议的方式，让采购方自己决定采购对象。当采购方与供应商确定了采购物料以及价格，但不确定购买的数量和时间时，就可以采用该订单类型。采购方在需要时，即可通知供应商提供物料供货服务，准时发放特定数量的采购物料。

那么，标准采购订单和一揽子协议的区别在哪里呢？从定义来看，标准采购订单更倾向于对某个订单的约定与结算；而一揽子协议的采购订单则是一种长期的采购协议，物料价格、交货方式等要素已经固定，在操作流程中，一揽子协议方便频繁采购某些特定类型的物料，从而降低采购成本。

> **小提示：** 现代采购管理更追求与供应商互惠共赢与长期合作，在采购频率上也呈现出高频、小批量的特征，而一揽子协议的采购订单模式正好能满足这种高频次的采购需求。当然，采购方也可以借此向供应商获取更低的采购价格，降低采购成本。

7.1.4 计划采购订单

计划采购订单适用于长期的供货计划，旨在与供应商保持持久的合作关系，在使用计划采购订单模式前，采购方需要与供应商提前确定采购对象、采购金额和购买数量，以及合作期限。当采购方有采购需求时，直接向供应商发送计划采购订单，供应商即可按订单发货。

计划采购订单的流程一般是公司的采购部门统计并确定采购订单的内容，订单经领导审批后，由采购员负责向供应商发送订单，供应商按照计划供货。

在这个过程中，采购方需要确定好采购的总数量、单价以及日期，其中采购数量不可超标，例如，计划采购订单中是 100 个，所以向供应商发送时不可一次性发 120 个。计划采购订单可以多次发送，但不可超过订单总量。

当采购物料的标准统一、购买量大、需求稳定时，采购方可以考虑以计划采购订单的模式与供应商建立长期合作关系，将供应计划集合在一个采购协议中，确定好预计采购总量、送货方式和支付方式，并向供应商争取最优惠的价格折扣。总体来说，计划采购订单模式有以下 3 点好处。

第一是价格折扣。相比标准采购订单这样的较为零星的采购订单，计划采购订单由于与供应商建立了较为长期的合作协议，所以采购人员可以在获得协议价格基础上的更大折扣。

第二是操作成本低。一般的采购需要查找货源招标投标、协商谈判、文件起草等，重复订购的还要增加这些操作成本，而计划采购订单因为和供应商已经商定好订单内容，采购方在有需求时发送订单即可，节约了操作成本，提高了采购管理效率。

第三是有利于实现双赢。采购方与供应商的长期稳定合作，可以实现双向互动的品牌效益：采购方由于有了稳定的供应链保证，生产更为稳定，客户基础也更为稳定；供应商在接收订单发货方面减少了不必要的程序，物流效率更高，仓储成本下降，机动灵活。

到这里，我们已经讲述了 4 种采购订单类型，那么，这 4 种类型有哪些区别呢？如表 7-1 所示。

表 7-1　4 种采购订单的简要分析

	标准采购订单	合同采购订单	一揽子协议	计划采购订单
已知条款和条件	是	是	是	是
已知货物或服务	是	否	是	是
已知定价	是	否	不确定	是
已知数量	是	否	否	是
已知交货计划	是	否	否	不确定
可保留发放	是	否	否	是

从表 7-1 可以看出，标准采购订单的各项内容比较清晰，从条款到定价、数量再到采购方的发放权限；而合同采购订单大部分都是未知条件，只有条款和条件为已知；一揽子协议除了货物以及条款比较清晰外，其他项目内容未知；计划采购订单除交货计划外，其他项目均为已知。

　　小提示：具体采用哪种采购订单类型，采购方可以根据自身企业以及供应链的特点来确定。当然，这 4 种采购类型并不是完全独立的，有些公司同时使用多种采购模式，主要看采购对象以及实际的采购需求。

7.2　采购物料请购

对于采购物料请购的申请处理可分为 4 种情况，分别是标准请购申请处理、小额请购申请处理、替代品采购申请处理和临时采购申请处理。从采购物料的具体情况入手，进行不同的请购申请处理，这也是采购人员必须要掌握的采购申请流程和规范。一般来说，每个公司都有自己的采购物料请购处理流程，采购人员可以根据公司规定执行，综合物料、数量、时间、要求以及紧急程度等，做出不同的请购申请处理。

7.2.1　标准请购申请处理

采购物料请购是采购部门针对需要采购的物料所填写的申请单，在解读标准请购申请的处理前，我们先来了解一下请购的概念与意义。

请购的全称是采购申请，主要是指企业各需求部门向负责采购的部门提出在未来一段时间内所需要物品的种类以及数量等相关信息，并填制规定的表格交由采购部门。

具体流程是公司负责采购人员或采购部门根据生产需要确定一种或几种物料，并按照规定的格式填写一份采购申请单，递交至公司的采购部，最终获得这些物料的整个过程，简单来说，请购就是申请采购的意思，其所填写的物料单据就是请购单。

例如，公司内部员工在生产工作中需要某些办公用品或生产原材料，于是向上级部门或采购部门递交采购申请单，这个过程就是请购。提出请购需求以后，相关领导给予批复，当然也许是同意，也可能是拒绝。请购通常是站在采购方的角度，由下级部门向上级部门提出申请。

请购流程中需要注意的是要由适当的采购申请人来进行申请，以书面形式提出，列出具体规格需求，当然还要将采购成本控制在合理的预算范围内。

这里所讲的标准请购申请处理就是采购物料请购中的一种。标准的请购申请是公司已经制定好的请购单、请购流程以及申请处理流程，比如，请购单的格式、填写要求、需要走哪些流程、申请处理又需要走哪些流程等已有规定，使得请购活动标准化、流程化和制度化。

标准请购申请处理的好处是避免了各部门各自为政，使采购工作正常有序，减轻了采购部门的压力和工作强度。

彭某是某化肥生产公司的采购项目主管，主要负责化肥原材料的采购工作，根据公司的采购请购申请流程，生产车间的原材料采购需要先填写请购单，经车间主管签字确认后，再报到彭某那里。

在请购单的申请处理中，也是以标准的流程进行，同时结合已经与供应商签订的一揽子协议的采购模式。一般情况下，请购单提交以后 3 小时内进行处理，1 小时内发送到供应商。如果是上午 10 点前提交请购单，下午 5 点前仓储部门即可办理验货、入库。

标准请购申请处理适用于流程化的请购操作，避免了人为操作的影响，一切按制度进行，但不可避免地也会带来问题，比如，标准化的请购申请处理耗时过长，无法适应一些紧急性的采购任务。所以，采购部门针对采购物料请购要灵活操作，以确保物料满足生产计划要求。

7.2.2　小额请购申请处理

小额请购申请处理是在标准的请购处理之外，针对物料的采购情况提出的一种请购申请处理模式。例如，需要采购的物料采购频率高、批量小，如果使用标准化的请购申请处理流程，耗时长，很容易影响实际的供应链运转。所以，小额请购申请处理适用于小批量、高频率采购的物料，当然，其请购申请也要按照采购特点制定相应的流程处理规范。

从供应商来看，无论是生产厂家或渠道经销商，对订货量都有最低要求，因为只有销售达到一定的数量才能覆盖生产该物料所投入的成本，所以，如果是小额采购，而事前又没有协商一致，那么，单纯提出小额采购，供应商可能不会立即满足采购要求。

从采购方来看，小额请购申请无论采购数量多少，都要按照请购流程提出申请，等待处理。但小额请购申请处理应当有自己的特点，比如，有专门的请购通道，可快速处理小批量采购申请。

> **小提示：** 在与供应商的对接方面，对于小额请购的采购申请，最好提前建立采购模式。比如，采购方与供应商协商一致，定期采购小批量物料。在公司内部，对小额请购申请可以简化申请流程，由专人负责，专人审批，提高工作效率，保证物料供应。

7.2.3 替代品采购申请处理

替代品采购申请处理是使用替代品代替原有物料的申请过程，比如，生产车间原本使用某种物料进行生产，但由于物料价格上涨过快，车间采购负责人决定使用替代物料。

所以，在原有物料剩余5天的供应量时，采购人员向采购部门主管提交了替代品采购申请表，主要原因是原有物料价格上涨，不宜在短期内大量采购，可在一个月内使用替代物料完成生产任务。

在请购申请中，替代品的申请流程中应有单独的申请表格，接下来，我们介绍两种替代品采购申请表样式，如表7-2所示。

表7-2　替代品采购申请表（1）

物料名称		物料类别	
替代品			
原物料			
替代原因：			

续表

申请部门主管意见：	
	签字：
	日期：　　年　月　日
申请部门经理意见：	
	签字：
	日期：　　年　月　日
备注：	

当然，以上申请表格式适用于单个替代品请购申请，如果是多个替代品一次性请购申请呢？可以使用以下表格格式，如表 7-3 所示。

表 7-3　替代品采购申请表（2）

申请部门名称：　　　　　　日期：

序号	原用物料	替代品	数量	单价	金额	替代原因

采购部门审批人签字：

替代品的采购申请处理的重点是看替代品与原物料相比有哪些优势，是价格还是物流？或者是出于紧急情况，需要采购替代品，以确保物料充足，保证供应链与生产的正常运转？这也是采购人员和采购部门要进行准确核实的问题。

7.2.4　临时采购申请处理

临时采购多是采购计划外的采购申请，也可以是为应对紧急状况，临时额外增加采购项目。临时采购申请处理和其他的请购申请处理一样，都要有采购范围、采购流程以及物料使用等内容。表7-4所示为一张简单的临时采购申请表。

表7-4　临时采购申请表

序号	名称	规格	时间	数量	用途	单价	金额	采购人

某时装有限公司针对采购的实际需求，结合本公司特色，建立了临时采购申请处理管理流程，具体来说可以分为以下3个部分。

1．临时采购物资范围

包括急需布料、服装饰品、运营类物料（活动赠品、商务礼品、办公用品），以少量、临时、不做库存的物料为主。

2．临时采购申请流程

（1）提出采购申请。有临时采购需求的部门向采购部门提出相应需求，报以书面汇总，如情况紧急可先电话沟通，再确认补填申请表。

（2）采购费用管理。采购费用申请人可先行垫付、后期报销，也可以先向财务预支，后期核对报销，预支借款需采购总经理签字确认方可执行。1万元以下采购费用申请人可自行采购、自行付款，1万~2万元的采购费用由采购部门主管负责，2万元以上的采购费用需要采购总经理签字确认。

（3）采购单据确认。临时采购费用单据由部门负责人审核后，申请人凭已审核后的《临时采购申请表》和采购原始票据，到财务部门填写报销单据，报销时间是每月1~3日。

（4）采购余量管理。临时采购商品原则上不做进销存管理，仅纳入当期申请采购的部门费用核算，若有物料盈余，则在使用结束后填写《入库单》，报后勤审核后纳入库存管理系统。

3．临时采购管理

临时采购物料需要根据规定完成一定的流程，包括提出申请、审核登记、接收物料、使用物料、费用报销、余量入库。在管理方面，采购部门人员需要将公司的采购管理制度与临时采购的特点相结合，保证申请部门合理采购、及时采购、科学管理。

> **小提示**：临时采购申请往往是小批量的采购，有可能还是非常紧急的采购情况，所以，采购部门应当针对临时采购的情况制定操作规范流程和解决方案，保证物料供应。

7.3 采购订单跟踪

采购订单跟踪是指采购部门的负责人对订单执行情况的监督，包括供应商订单处理进程跟踪、生产需求形势跟踪和采购订单使用跟踪。这 3 项工作是采购订单跟踪的重要内容，也是采购人员需要及时跟进的工作细节。那么，在订单跟踪中，有哪些值得注意的地方和技巧呢？本节就来详细解读有关采购订单跟踪的相关操作技巧。

7.3.1 供应商订单处理进程跟踪

当采购活动根据合同约定进入实质性阶段以后，供应商开始根据订单生产物料，不要认为采购人员的工作就此告一段落，可以直接等待验收了。

此时，采购人员应将关注的焦点放到供应商订单处理进程上，定时或不定时地跟踪供应商的订单进展情况。采购订单的跟踪对整个采购活动至关重要，跟踪及时的话，即使出现临时状况也能够及时修正，不至于到合同后期由于问题解决不及时而影响整个供应链的正常运转。

对采购方来说，供应商订单处理进程跟踪的对象是供应商，关注重点是订单处理进程，方式就是跟踪。当然，要想对供应商处理订单的进程进行实时跟踪也不是件容易的事，毕竟有些供应商并不想让采购方详细了解自己的订单生产情况。

而从采购方角度来看，对供应商订单处理跟踪不是从供应商着手生产订单开始，而是从与供应商的合同执行前就要入手。

在合同执行前，采购人员需要及时了解供应商对生产订单的准备工作，比如，同一物料有几家供应商可供选择，因为每个供应商都有自己的订单任务，为避免供应商对订单的更改，采购人员需要与供应商进行充分沟通。

在进入正式的合同执行后，采购人员要对订单处理进程进行跟踪与监控。着重把握好供应商的物料质量以及进度变化。同时，要注意保存各类文件合同、原始数据等，也可以将订单进展情况录入计算机，借助计算机自动处理跟踪数据。

供应商的历史表现情况也会对采购人员的订单处理跟踪起到一定的借鉴作用，比如，供应商曾在生产同样的物料时出现过某种问题，此时采购人员就要密切跟踪，必要时提醒供应商以避免犯同样的错误。

采购人员对供应商订单处理进程的跟踪也可以使用相应的软件，以帮助采购人员及时了解供应商的订单生产动态，也能在很大程度上减轻采购人员的工作强度。

而对某些紧急的重要物料，采购人员就要全程跟踪，当然，对已经有相当长的合作经验且综合表现均不错的供应商，采购人员可以适当放大供应商的订单权限，只需要抓主要环节和重点部分即可。从这个角度也可以看出，采购方选择供应商时，合作基础、综合实力、信用程度是非常重要的考核因素。

7.3.2 生产需求形势跟踪

在这里，生产需求形势跟踪指的是采购人员对物料的供需状况进行实时监控的过程。在某个时间段内，某种物料的生产需求表现为旺盛或滞销，这样的表现直接影响了采购订单的生产。

如果公司已经和供应商签订合同，而市场需求出现滞销，采购方就要及时做出判断，是延缓还是取消本次采购订单。同时，采购人员还要结合供应商已经投入生产的状况综合判断。

如果生产需求形势旺盛，客户要求加购产品，采购方就应该马上与供应商进行协调，必要时帮助供应商解决困难，以保证需求物料能及时满足供应链。

对生产需求形势展开跟踪，是采购人员对订单的另一种监控，根据需求形势的波动决定下一步的采购计划。一般情况下，采购方与供应商签订了采购订单合同以后，双方都要按照合同约定执行，如果采购方由于生产需求形势变动而想对合同订单有所变更，就需要与供应商充分沟通，找出双方都能接受的解决方案。

虽然生产需求形势对采购订单会产生一定影响，但从合同执行以及与供应商的稳定关系来看，不宜对已经确定的采购订单进行大的变动，甚至取消订单。

生产需求的形势更多的是反映了某个时间段内的供求变化，比如，面对需求下跌的情况，采购方可以继续完成与供应商的合同约定，同时将物料储存起来，待需求上涨时再出售。

> **小提示**：需求平衡是一种比较理想的情况，关键是采购人员要对生产需求形势进行紧密跟踪，一旦有任何异常，可以快速制定解决方案，保证采购订单的正常进行。

7.4 物料交货与验收

在采购订单完成以后，就进入了物料交货与验收阶段，在该阶段采购人员要及时确定交货方式、运输方式和到货地点，规定合适的前置期、物料验收入库注意事项，并且要制定合适的损害赔偿制度。交货、验收、入款注意事项、损害赔偿制度，都属于采购订单后半场的主要工作，采购人员要针对物料的各个要素和环节仔细核对，注意细节。本节将针对物料交货与验收的4个环节性问题进行详细解读。

7.4.1 确定交货方式、运输方式和到货地点

采购订单管理中，交货是采购人员必须关注的重点环节。接下来，我们从交货方式、运输方式和到货地点这3个方面，详细解读交货时要注意的问题。

1. 交货方式

交货方式有 3 种：第一种是由供应商负责将物料运送到指定地点；第二种是采购方到合同约定地点自提物料；第三种是委托第三方运输部门代运，具体来说，有汽运、船运、水运、航空运输等。如果是不动产型物料，则以物料的所有权转移为交货方式。

所以，物料的交货方式总体可分为两类，一类是供应商送货上门，一类是采购方到合同约定地点自提物料。而供应商送货上门又可以分为主动负责送货和委托第三方运输部门。

2. 运输方式

在这里，运输方式指的是完成物料由供应商转移到采购方的手段或方法，即为完成物料运输任务而选择的某种运输设备。现代的运输方式有铁路运输、公路运输、水上运输、航空运输和管道运输。接下来，我们简单了解一下这 5 种运输方式。

（1）铁路运输

铁路运输是指使用铁路列车运送物料的运输方式，适合长距离、大批量的货运。优点是速度快，受自然条件限制小，载运量大，运输成本较低；但主要缺点是灵活性差，线路固定，需要与其他运输方式配合衔接。

（2）公路运输

公路运输主要是指使用汽车完成运输任务，适合中短途运输，属于"门对门"的运输。公路运输的优点是灵活性强，对接收点要求不高，无需转运或反复装卸搬运。

（3）水上运输

水上运输是指使用船舶完成运输任务的运输方式，在干线运输中可发挥主力作用，适合长距离、大批量物料的转移。水上运输的优点是成本低，但缺乏是运输速度比较慢，且受港口、水位、季节、气候影响较大。具体来说，水上运输又可分为沿海运输、近海运输、远洋运输和内河运输。

（4）航空运输

航空运输是指使用飞机或其他航空器完成运输的形式，适用于价值高、运费承担能力强的物料，比如贵重零部件、高档产品等，或者是有紧急需求的物料，比如救灾抢险物资等。

航空运输的优点是速度快且不受地形的限制，在铁路和公路运输无法到达的地区，航空运输有独特优势，但其单位成本也非常高。

（5）管道运输

管道运输是指利用管道输送气体、液体和粉状固体的运输方式，靠的是将物料放在管道内通过压力方向循环移动以达到转移的目的，而管道设备本身是固定的。管道运输的优点是避免了运输过程中物料的丢失、挥发等问题，且运输量大，适用于量大且连续不断运送的物资。

相对来说，现在可选择的运输方式非常多，采购方可以根据物料的特点、预算成本以及供应商的要求，综合考虑以确定合适的运输方式，争取以尽可能少的成本将物料准时安全运送到合同约定的地点，接受验收后入库。

3. 到货地点

一般来说，到货地点指的是买家指定的货物落地点，比如仓库、工厂、办公地点等。从采购方的角度看，对到货地点的选择需要从自身实际情况考虑，是需要供应商运送到我方指定的仓库，还是第三方储存地点。

> **小提示**：在物料交货的问题上，交货方式、运输方式以及到货地点是采购订单中比较基础的问题，主要涉及物料的交接过程，采购人员需要和供应商仔细协商，达成一致，选择最合适的交货方式和运输方式，送达合适的到货地点，保证物料及时供应生产。

7.4.2　规定合适的前置期

从物料交货与验收的角度看，前置期指的是从发出订货单到收到货物的时间间隔，总前置期 = 生产前置期 + 配送前置期。也就是说，前置期又可分为两部分，一是订单的生产时间段，二是运送物料的时间段。

要想规定一个合适的前置期，采购人员就要对自确定采购订单到物料进入指定到货地点的时间段有一个总体把握。比如，在向供应商确定采购订单以后，通常要等待一段时间，再经过运输，物料才能到达，据此倒推，采购人员确定采购订单也要提前，防止仓库存货用尽而物料仍然没有按时按量入库，影响生产和供应商运转。

从时间元素来看，把握好前置时间能够为采购赢得更多优势。通常来说，前置时间的减少会使采购方与供应商的平均库存水平下降，也会使采购方的订单模型更为稳定，实现采购方与供应商的双赢。

前置时间也就是总的时间段，包括生产设备准备时间、加工时间、意外情况延误时间以及运输时间等，从这里我们也能看出，前置期的设置需要采购人员对采购订单包括供应商的生产状况有非常强的综合把握能力。前置时间过长或过短都不利于物料供应。

另外，采购人员要想规定一个合适的前置期，就要对内部和外部因素非常熟悉。内部前置期指的是从确定供应商到正式发出采购订单的时间段，整个过程包括确定采购明细、辨别供应商、询价报价、确定供应商、签订合同。外部前置期指的是从供应商收到采购订单到完成采购订单的时间段。而总的前置期则是以上两个前置期的总和。

确定一个合适的前置期是综合各方面因素的结果，包括对自身的评价、对供应商的综合评价。另外，采购人员可以综合以往的采购前置期，预留出一定的反应时间，一旦出现意外情况，例如，供应商的生产设备出现问题，需要时间修理，由此延误的时间也要算入前置期。

如果生产一批设备需要 25 天，那么，采购人员最好在合同中预留 2 ~ 3 天，便于出现问题时来得及修改，而不会耽误生产对物料的需求。

7.4.3　物料验收入库注意事项

物料验收入库是指从供应商处接收物料以后，对物料进行检验，放入仓库的过程。物料本身可能由于存放、周转、运输等而出现质量问题，所以，在物料入库前必须经过验收程序，验收合格方可进入仓库储存。

从物料接收开始，就进入了验收环节，具体来说，物料验收入库需要注意以下 6 点，如图 7-2 所示。

1．明确供应商

有时可能会有多个供应商同时运送物料，所以采购人员需要确认供应商的具体信息，包括物料属于哪家供应商，有哪些批次和批量，是否与订单的供应商一致等。

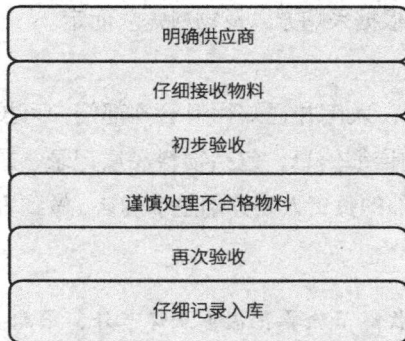

图 7-2　物料验收入库的注意事项

2．仔细接收物料

供应商卸货后，就要对物料进行初步接收，这步必须由采购部负责人、仓库保管员共同完成，仔细核对所接收的物料的信息，看其是否与采购订单一致，卸货时注意摆放规定，不能损坏物料外包装。与采购订单相比，数量不足的物料要立即联系供应商确认、补足，对多出的物料，在不缺料的情况下退回给供应商。

3．初步验收

物料外包装上的品名、规格、供应商、数量、批号、批准文号、有效期等应完整准确，外包装无破损、受潮、虫蛀、霉变等情况，特殊物料的证明性文件要齐全真实。重要物料至少要两人同时验收、签字。

4．谨慎处理不合格物料

在初验过程中如发现不合格物料，要及时登记，上报采购部门经理和供应商，质保部门要对物料再次进行核验。如确实属不合格物料，按照合同约定处理并且及时通知供应商，可以选择由供应商取回自行处理，或采购方直接销毁。同时按合同约定划清责任，执行合同对不合格物料的处理条款。

5．再次验收

某些物料在经过初步验收以后，还要经采购方的专业人员进行再次验收，比如，用于实验的原材料要现场做实验，测试其准确性与合格情况。再次验收通过以后，方可入库。当然，有些物料无需经过两次验收，一次验收合格以后即可入库，具体情况应根据采购方以及物料需求而定。

6. 仔细记录入库

验收完毕后的物料，入库并通知物料管理部门，可投入生产使用，同时要认真记录每一批物料的详细信息，包括物料品质记录，重要资料要妥善保存。采购部、仓储部和质保部的负责人要分别签字确认，做到责任到人，全程可追溯。

> **小提示**：物料验收环节除要把握重点环节外，采购方可根据实际情况进行调整，坚持高效检验、质量为本的原则，对物料入库前进行全方位验收，以避免引起不必要的麻烦。

7.4.4 制定合适的损害赔偿制度

在物料的交货与验收环节，采购方需要制定合适的损坏赔偿制度。我国对损坏赔偿有明确的相关规定。

从定义来看，损害赔偿有两层含义，一是指违约方用金钱来补偿另一方由于其违约所遭受到的损失，是比较广泛使用的救济方法；二是指对业已造成的损害进行赔偿。赔偿是债权诉讼最主要的特征，是普通法所给予的最主要的救济形式，也是对原告承受损失的一种弥补。产品损害赔偿大致有 4 种，分别是人身伤害、财产损失、精神损害及产品自身损害。

结合本节物料交货与验收的主题内容，这里所说的损害赔偿制度主要指对物料产品的赔偿制度。

当物料在交货与验收阶段受到损害，要按照制度规定由相关责任人给予赔偿，主要是采购部门与仓储部门在物料交接与检验阶段容易出现问题。如果物料出现短缺、损坏等现象，就要具体问题具体分析，明确责任，落实到人。接下来，看一下某货物公司的物料损害赔偿制度的部分内容。

1. 损坏上报制度

（1）采购员、物流员和仓储人员随时向公司产品质检部门报告物料损坏情况。另外，于每月 1～3 日上报上月的货物损耗汇总情况表，包括物流货运原件、入库验收单、接货记录单等，质检部门存留以上原件的复印件。

（2）由物料接收员、库管人员负责的情况：第一，货物入库后发生被盗、破损、受潮等情况而造成损失；第二，未在规定时间内清理破损、水湿货物造成的损失；第三，发现物料破损、受潮而未采取补救措施，导致损失扩大。

（3）物流员要定期与财务人员定点巡查、盘点，对物料受损情况进行监督，发现异常情况要及时上报。

2. 损害赔偿制度

（1）物料交货与验收期间，所有负责人需签字确认，维护好各种设施设备及搬运工具。

（2）在入库的过程中，由于仓储员、复核员的不认真，造成物料到店后发现入库错误，包括物料与实物名称不符、数量或批号错误、有效期错误等，仓储员每次罚款 3 元，复核员每次罚款 5 元。

（3）负责验收入库的人员要严格按照进、出仓程序填写制作各类单据，保证数据正确、输入准确、资料有序。如由于验收入库人员的不认真导致账务混乱，则给予 50 元 / 次的处罚。

（4）在物料交货与验收阶段，由于操作人员管理不当，造成物料与账单严重不符的后果，短款部分由仓库人员赔偿 70%，采购部人员赔偿 30%。

3. 奖励制度

以月为单位，如果物料未出现重点损害事故，则各岗位工作人员奖励 30 元，以后每月逐次增长 10 元，依次类推，100 元封顶。另外，仓库部门以季度为周期，如未发生重大责任事故，则给予该部门 300 元奖励。

　　小提示：在物料的交货与验收过程中，制定合适的损害赔偿制度，并且严格执行，其最终目的不是让员工付出经济赔偿，而是以损害赔偿制度增加员工工作的积极性和负责精神，减少失误，提高物料交接和验收的准确性。

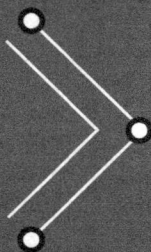

第 8 章

采购仓储管理：保证物料存放安全便捷

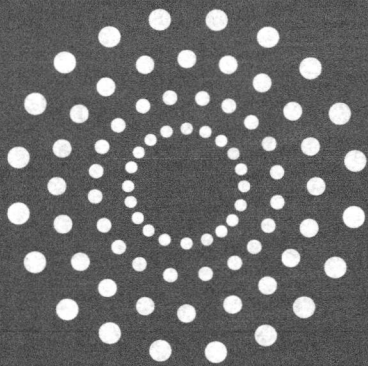

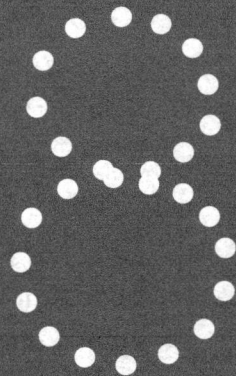

本章的主题是采购仓储管理，其目的是保证仓储物料存放安全便捷。本章以仓储为核心，结合仓库规划、物料储存管理和仓库安全管理，对仓储管理进行全方位解读。采购仓储管理从仓库选址开始，涉及设置简易货架，摆放物料，消防管理，覆盖物料的存放、管理等环节。

8.1　仓库规划

什么地方适合做仓库，如何设置简易货架，什么样的人适合做仓库管理员，仓库管理员的岗位职责是什么，这些都是在做仓库规划时需要考虑的重要问题。从仓库选址，到设置货架、甄选管理员，由物到人，需对仓库进行全方位规划。

8.1.1　什么地方适合做仓库

到底什么地方才适合做仓库呢？这就涉及仓库的选址问题了，在采购仓储管理中，仓库的选址问题是需要解决的首要问题，有了仓库才能谈及物料存放和管理。现代仓库已经从过去的单纯存放物料，升级为配制机械化存储设施、输送管道、消防设备等一体的现代化仓储空间。

从仓库的分类来看，可根据不同标准将仓库分为不同类型，比如，按照所储存物品的形态不同，仓库可分为储存固体物品、液体物品、气体物品和粉状物品的仓库；按照建筑形式可分为单层仓库、多层仓库、圆筒形仓库；按照储存物品的性质，仓库又可分为储存原材料、半成品和成品的仓库。不同的用途和目的需要不同类型的仓库，这些因素同样也会影响仓库的选址问题。

哪些地方适合做仓库，仓库的位置在哪里最好，要回答这些问题需要从企业以及物料特征出发，具体来说，要分阶段去分析仓库选址的问题，第一阶段就是前期的分析与调研，第二阶段就是初步确定与评估阶段，这两个阶段覆盖了仓库选址的主要环节。接下来，我们就从这两个阶段来分析仓库选址的具体问题，如图 8-1 所示。

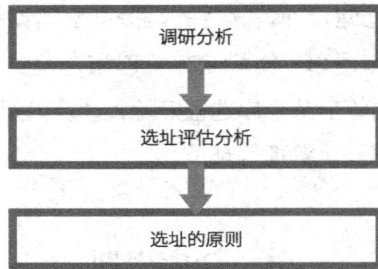

图 8-1　如何为仓库选址

1．调研分析

（1）需求分析

这个仓库是用来做什么的，储存哪些物料，需要什么样的仓库，等等，这些都是对仓库本身的需求性分析，具体来说，包括仓库的运输量、货物总量，以及预估最大容量，即仓库运输线路中的最大作业量。

（2）费用分析

建设一个仓库需要运输费、配送费、仓储费、土地使用费、人工费等，另外，运输设备、作业人员、装卸机械等，都会在活动中产生费用。所以，我们需要对仓库的费用进行一个合理预测，在预算范围内进行成本分析。

（3）可行性分析

仓库选择的地理位置有哪些优势，道路通畅情况如何，是否有法律约束，地价情况如何，这些都是可行性分析的内容，与之相对应的还有限制性因素，也要列入分析范围。

2．选址评估分析

通过以上分析，对仓库的地址给出初步确定的答案，例如，综合各项因素初步选定了 3 个仓库地址，接下来，就要对这 3 个仓库进行评估分析。有哪些评估方法呢？

（1）权重分析法

权重分析法就是将影响仓库选址的各个要素得分按权重累计，通过权重结果评估各个仓库的优劣。其好处是不会忽略影响仓库的各关键因素，将其由重到轻依次排列。

（2）成本分析法

每一个仓库的选址方案都有固定成本和非固定成本，且其投入和收入会因仓库储量的变化而变化，成本分析法就是对固定成本、非固定成本、投入和收入的比例关系这 3 项主要元素进行综合评估，找出最佳方案。

3．选址的原则

仓库选址的原则有 3 点：战略性原则指要从大局出发，仓库的选址要和国家政策、长远发展、可持续发展等相结合，眼前利益服从长远利益，用发展的眼光看仓库选址问题；协调性原则要求将仓库看作一个整体系统，仓库内的设施设备、功能分区、物流作业等各个要素之间要相互协调；经济性原则则是从实际运营角度出发，尽可能将仓库的费用降到最低，从建设和维护两个层面综合考量仓库地址。

什么地方适合做仓库，需要决策者综合考虑各项因素，抓主要矛盾和矛盾的主要方面，以有利于企业的采购与生产，保证物料存放安全。

> **小提示**：关于仓库选址问题，可能很难找到最好的解决方案，因为影响仓库选址的要素之间是相互影响甚至相互制约的，我们追求的是在有限条件内的最佳方案：选出最合适的仓库地址。

8.1.2 如何设置仓库货架

仓库地址规划好以后，就进入了仓库的实质性搭建环节，仓库中非常重要的设备就是货架了。仓库货架普遍应用于工业仓库，更着重于向上发展，以充分利用存储空间，一般货架高度为 3 ~ 5 米，当然也有 20 ~ 30 米的超高货架。

仓库货架在物流以及仓库中占有非常重要的地位，可以帮助仓库实现现代化管理，完善仓库的功能，而且，随着技术的发展，仓储货架的样式与功能也越来越多。

货架架式结构大幅度提升了仓库的可利用空间，使物料不会互相挤压，降低了物料的损耗率，通过防潮、防尘、防盗等措施，保证物料的质量。而且，现在很多货架要与自动化、智能化的仓库要求相衔接，使仓库运行效率有了很大提升。

了解了货架的重要作用和功能以后，该如何设置仓库货架呢？要回答这个问题，得以从货架的类型说起，如图 8-2 所示。

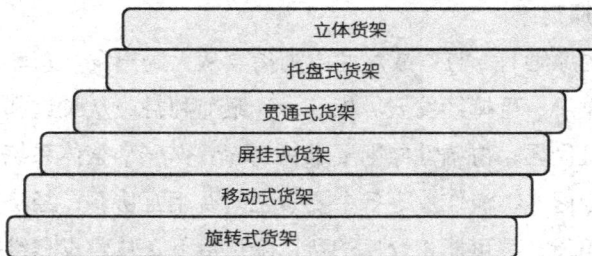

| 立体货架 |
| 托盘式货架 |
| 贯通式货架 |
| 屏挂式货架 |
| 移动式货架 |
| 旋转式货架 |

图 8-2　仓库货架的类型

1. 立体货架

自仓库发展由平面储存向高层化立体储存方向发展以来，立体货架发挥了重要作用，可满足不同功能要求的立体货架，成为了仓库的重要组成部分。立体货架可分为阁楼式货架和自动化立体货架。立体货架在仓库储存中应用范围非常广，适用于库房较高、物料体积小、人工存取、储物量大的情况。

2. 托盘式货架

托盘式货架以储存单元化托盘货物配以巷道式堆垛机及其他储运机械进行

作业，一般由型钢焊接的带托盘的货架片，通过水平、垂直拉杆以及横梁等构件连接起来。托盘式货架可自由组合，便于拆卸和移动，还可按物品堆码高度，任意调整横梁位置，此种货架适用于多品种小批量或少品种大批量的物料。

3. 贯通式货架

贯通式货架又叫通廊式货架或驶入式货架，可供叉车或带货叉的无人搬运车驶入通道以存取货物，适用于品种少、批量大的物料储存。贯通式货架因为取消了位于各排货架之间的巷道，将货架合并在一起，使同一层、同一列的货物互相贯通，所以，比通常的托盘式货架的储存能力更强，被广泛应用于批发、冷库、食品以及烟草行业。

4. 屏挂式货架

屏挂式货架由百叶式挂屏和挂箱组成，设置方式可分为固定式和移动式，适用于多品种或多规格的各种小型零件的储存，也可设置在手推车或托盘上，做工序间临时储存或装配线供料用。

5. 移动式货架

移动式货架的每排货架有一个电机驱动，由装置于货架下的滚轮沿铺设于地面上的轨道移动。根据承重划分，移动式货架可分为重型、中型和轻型 3 种，一般重型货架采用电动控制便于移动，轻型、中型则采用手摇移动。

移动式货架的优点是便于控制，安全可靠，一组货架只需一条作业通道，也大幅度提升了空间利用率。适用于库存品种多，但出入库频率较低的仓库，或库存频率较高但可按巷道顺序出入库的仓库，可广泛应用于传媒、图书馆、金融、食品等行业物料的储存。

6. 旋转式货架

旋转式货架沿着由两个直线段和两个曲线段组成的环形轨道运行，由开关或小型电子计算机操纵。根据旋转方式不同，旋转式货架可分为垂直旋转式、水平旋转式、立体旋转式 3 种。

在存取作业时，由控制盘按钮输入货物所在货格的编号，该货格则以最近的距离自动旋转至拣货点，拣货路线短，由此大幅度提升了拣货效率。

以上是目前仓库主流的货架形式，不同的货架有各自的优点和特色，选择仓库货架时要结合仓库和物料特点。所以，我们在设置仓库货架时，还要考虑仓库的其他因素。

一是仓储库房的结构。仓库的高度决定了货架的高度，仓库中可能有柱子等障碍物，设计货架时，要考虑这些因素。另外，库房地面的结构和平整度、消防设施和照明设备也都是选择仓库货架时需要注意的地方。

二是物料的形态特点。包括物料的体积、重量、存取频率等，因各种物料的要求不同，设置仓库货架时就要选择合适的货架。

三是出入库量。物料在仓库的进出方式是先进先出还是先进后出，其存取频率和存取数量是多少，这些都是在选择仓库货架时需要考虑的因素。

> **小提示**：仓库货架的设置和选择，需要根据货架本身、仓库、物料的具体情况而定，我们需要从中选择最合适的仓库货架，提高物流作业效率，以保证物料存放安全，存取便捷。

8.1.3　什么样的人适合做仓库管理员

仓库管理员就是通过对仓库物料的有效管理而使仓库发挥作用的人员。在采购仓储管理中，始终离不开两大重要的核心要素，即物料和仓库管理员。物料是仓储管理的对象，而仓库管理员是执行管理的人。

仓库管理员的岗位看似简单，实际上需要很强的综合素质才能胜任。仓库管理的内容大体上就是物料的收、发、存，每个流程都非常清晰，需严格执行。在不同的企业中，仓库管理员也有不同的表现。

甲公司的仓库管理员岗位3个月内换了4个人，仓库管理员来了以后，基本无从下手，工资也低，仓库的账本与物料十分混乱，辞职前也基本没有任何交接环节。

乙公司的仓库管理员记账清晰，汇报也非常高效，但工作效率不太高，往往当天的工作要在下班后多做2个小时，不过该管理员比较负责，也不计较这些。

丙公司的仓库管理员工作热情非常高，领导安排的任务都能积极完成，物料保管和账单记录也都比较完整，但本人比较执拗，不愿意听其他同事的意见和建议。除了仓管的岗位，这位管理员还兼职当库房叉车司机和清洁工，身兼数职。

通过甲、乙、丙公司的仓库管理员的表现可以看出，每个仓库管理员似乎都有各种不足，而且在现实中，尤其是中小企业，仓库管理员除本职工作外往往还要兼职其他工作内容。企业要想招到合格的仓库管理员也没那么容易。那么，到底什么样的人适合做仓库管理员呢？如图 8-3 所示。

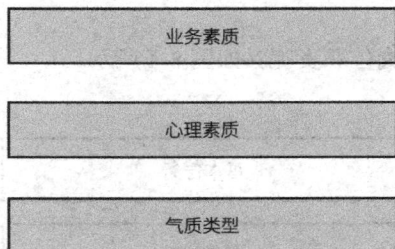

图 8-3　哪些人适合做仓库管理员

1．业务素质

熟悉仓库运作流程，电脑操作熟练，充分熟悉所管理的物料，包括其理化性质和保管要求，可以合理安排与使用仓库内的设备，有一定财务能力，熟悉和了解仓库的管理与运营内容和工作要点。

2．心理素质

仓库管理员的工作看起来门槛很低，人人都能做，但这个职位需要足够的细心和耐心，能够胜任每天与物品打交道，工资水平相对较低。从心理素质看，仓库管理员需要耐得住寂寞，比较容易满足于现状，踏实负责任。

3．气质类型

抑郁质和黏液质的人相对胆汁质和多血质的人更适合仓库管理员的工作特点，因为抑郁质和粘液质的气质特点更适合安静而固定的工作特征。当然，由气质性格看一个人是否适合做仓库管理员是不全面的，但可以将此作为选择管理员的一种参考。

小提示：仓库管理员岗位看似简单，实际上也是需要有很强的责任心和耐心才能做好的工作。关于如何选出合适的人做仓库管理员的问题，决策者需要综合考量各种因素。总体来说，仓库管理员可以允许有一定的个性特点，但对待工作必须认真负责。

8.1.4 仓库管理员的岗位职责

仓库管理员有哪些岗位职责呢？如图8-4所示。

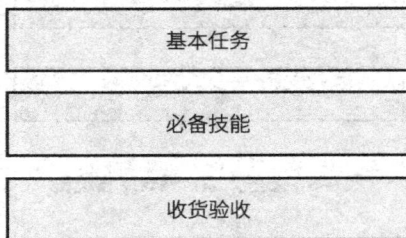

图8-4 仓库管理员的岗位职责

1. 基本任务

（1）及时、准确地维护库存管理系统，确保仓库物品的账、卡、物三者一致，仓库区域划分明确，物料标识清楚，存卡记录连续、字迹清晰。

（2）做好仓库物料的收发保存管理工作，严格按流程要求收发物料，并及时跟踪作业物料的发送，协助财务部门对物料采购与车间生产成本进行控制和监督。

（3）与采购部门人员密切配合，做好生产物料的调度工作，切实履行物料储备和配送的物流职能，并及时向生产部反馈生产物料的短缺或过量采购等异常情况。

（4）对物料管理的有序性、安全性、完整性及有效性负责，对不同物料实行分区存放管理，确保仓库整齐有序；定期或不定期向采购部报告物料的存货情况以及呆滞积压物料情况，按要求定期填写并提交呆滞报废物料的处理申请表。

（5）做好仓库各种原始单证的传递、保管、归档工作，负责现有物料的日常管理，包括存货分类码放、整理、标识以及进出库调度。要求熟悉存货特性，分类管理，合理摆放，便于物流运输及仓储安全。

（6）严格执行存货收发的流程及要求，及时办理物料入库、生产领料、完工入库、销售出库以及其他类型存货入库出库的开单、收发料和签字工作。

（7）仓库管理员需根据实际库存、库存控制指标、生产计划、生产配料单，填写《物料需求表》，报采购总经理审批后，交采购员组织采购。

2．必备技能

仓库管理人员应具备以下几种操作技能：第一，熟练掌握出入库作业及库房管理方法、规范及操作程序；第二，熟悉仓库管理制度及相关管理流程；第三，具备一定的质量管理知识和财务知识；第四，熟悉基本的电脑操作，可使用电脑完成相应的仓储工作。

3．收货验收

（1）仓库管理员必须根据原始的采购订单、供应商送货单以及工厂品检确认意见单，正确办理验收入库手续，验收不合格品不得入库。所有物料必须办理入库后，各生产部门和车间方可领用。另外，大宗物料需填写过磅单以确定实际重量。

（2）物料进仓入库后，仓库管理员需核对订单，包括采购订单和生产订单，确认订单与物料核对无误后，方可办理入库手续，严禁无订单收货。

（3）物料进仓必须采用合适的方法计量、清点。大批量物料可按比例拆装抽查，小批量物料要逐一检查验收。

综合来看，仓库管理员的岗位职责与实际的管理工作息息相关，是确保物料准确入库，合格验收的重要环节，对仓库管理员提出的岗位职责越细化，执行越到位，仓库的规划才能做得越好，保证物料存放安全，使用便捷。

8.2 物料储存管理

物料储存管理的内容侧重于物料的保存与管理，在这里，重点介绍 3 点内容，即如何合理摆放物料、物料储存环境注意事项、如何将仓库整顿得更便捷。本节从物料的摆放、储存环境以及仓库管理 3 个方面，系统性解读有关物料储存管理的相关实用知识和操作技巧。同时，注意规避某些问题，使物料保存得更好，保证采购和供应链的正常运转。

8.2.1 如何合理摆放物料

物料入库以后，需要合理摆放，才能保证取用时能够快速找出，保证生产。物料的摆放也是有学问的，那么，到底该如何合理摆放物料呢？在回答这个问题之前，我们需要先了解仓库的区域分配，因为仓库布局直接影响着物料的摆放、存取甚至物流效率，合理的仓库布局能减少输送物料的出错率，缩短物料输送周期，充分利用仓库空间。

一般来说，仓库的区域布局可分为物料储备区、备料区、收料区、收料与送料通道、办公区、物料仓库设备放置区等。其中，物料储备区是放置储存物料的货架与卡板；备料区放置根据生产频率预备的物料；收料区一般存留剩余物料，比备料区域略大；收料和送料通道是专门供输送物料小车通行的通道；办公区是为物料仓库管理人员进行物料进出登记的场所；物料仓库设备放置区则主要是物料输送小车及消防设备的放置区域。

以上是仓库各区域的划分，当然，有些仓库出于实际作业的需要，可能不是按照以上区域划分。总体来说，仓库的区域分布以及各区域的功能都是分为如上几大主要版块。仓库的区域布局直接影响着物料的摆放，而区域规划也要考虑物料的规格以及货架情况。

在此基础上，物料的摆放需要遵循一定的原则。

第一，存取原则，仓库物料摆放必须遵循一定的存取原则，例如先进先出原则，不能影响后续物料的取用。第二，充分利用原则，即充分利用货架上部空间，用叉车协助将物料摆放到货架的中上层，充分利用仓库的整个空间，以减少单位面积成本。第三，通畅原则，即保证仓库区的各个区域通道顺畅，人员不扎堆，物料摆放有序。

另外，在货架与所放物料中，标识要清晰，配以卡片识别，禁止重叠堆放。不同的物料要按类别摆放，比如，原材料、配件、半成品、成品等，在空间和时间上要区分开来，便于快速查找。

再如，体积和重量都比较大的物料要尽可能安排在货架的下层，体重轻而小的物料放在中上层，方便存取，保证操作人员安全。此外，要注意物料的保管，在摆放时要注意防霉、防虫、防潮、防高温、防火、防尘等问题。

总体来说，货物摆放要遵循前面提到的 3 个基本原则，而这些原则也都是为了保证仓库作业的便利性、连续性和高效性。争取一次作业，实现装卸次数最少、搬运距离最短、搬运环节最少。在具体操作上，物料摆放时尽可能直线作业，使操作人员或设备不走回头路，提高摆放效率。

> **小提示：** 不同的物料要分开摆放，避免物料之间的相互影响，因为不同的物料对温度、湿度、清洁度等保管要求也不一样。所以，如何摆放物料是一项需要进行多方面综合考量的工作，不仅仓库管理员需要认真对待，采购部门以及财务部门的工作人员也要积极参与。

8.2.2　物料储存环境注意事项

物料储存环境是影响物料品质的重要因素，存放环境的好坏直接影响着物料以及后续生产，所以，在储存期间，仓库管理员要严格按照物料本身的特性以及仓库管理规范执行工作。那么，物料的储存环境有哪些注意事项呢？如图 8-5 所示。

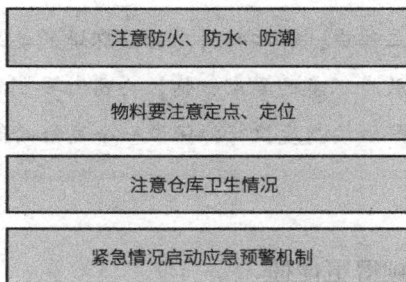

注意防火、防水、防潮

物料要注意定点、定位

注意仓库卫生情况

紧急情况启动应急预警机制

图 8-5　仓库储存环境的注意事项

1．注意防火、防水、防潮

有些物料对温度、湿度等要求比较高，所以需要注意防火、防水、防潮，仓库必须设置足够的通风或机械通风设备，内设温湿度计，时刻监测库房的温湿度。

在专业设备安装方面，仓库的配电箱以及电气开关应设置在仓库外，或远离物料的位置，并且要安装防雨、防潮的保护设施。制定灯具使用规则，标明疏散指示标志，保证物料远离火种和热源。

2．物料要注意定点、定位

关于仓库的储存环境，不仅要注意仓库的安全防护设备的安置情况，还要特别注意物料的定点以及定位情况。这样既可以高效管理物料，快速入出库，也可以让仓库管理员的物料工作更轻松一些。

仓库的定点和定位问题，实质上是确定了人、物与仓库的位置关系，将物料科学地放置在仓库中的相应位置，便于存取。所以，物料的摆放与存取也是影响仓库储存环境的一大问题，需要特别注意。

3．注意仓库卫生情况

一个良好的物料储存环境离不开日常的卫生清洁与维护，所以，仓库管理员还要注意仓库卫生，保证库房整洁，道路应畅通，地面应无污染物、无害虫。在物料入库以后，及时归置到位，对库区环境进行清扫，不留有任何异物。

4．紧急情况启动应急预警机制

当仓库储存环境发生紧急情况时，比如，强碱性或强酸性物料泄漏、有毒气体物料储存罐破裂、仓库水管爆裂浸泡了物料等，应该第一时间启动应急预警机制。尽可能减少损害面，减少损失。

> **小提示**：在实际工作中，有些物料对储存环境的要求高，有些则相对宽松一些，无论物料存放对环境的要求如何，公司都要制定一系列储存环境规范和管理制度，并且严格按制度执行，保证一个良好的储存环境。

8.2.3 如何将仓库整顿得更便捷

将仓库整顿得更便捷是一个良性结果，要想得到这样的结果就需要各方面的努力，主要是对仓库以及物料进行合理的管理。

在硬件设施方面，仓库要合理摆放物料以及货架，提高空间利用率；选择合适的存取设备，大幅度提高物料存放效率。在管理方面，要对物料精准定位，让物料按照固定的位置摆放，确定唯一的标识码，便于机器和操作人员快速找到该物料。

现代仓储物流之所以能够实现智能化的管理与存储，最为重要的一点就是给每一个货物设置了具有唯一性的商品条码，包括货物类别、性能、特点、物理位置等。

在操作者方面，需要提升仓库操作者的技能，包括设备使用熟练程度以及规范操作的意识，以综合措施全面提升仓库的物料储存管理水平，将仓库整顿得更为便捷。

8.3　仓库安全管理

如何防止物料仓储损坏，如何对物料进行消防管理，如何设置合理的防盗系统，这些问题都属于仓库安全管理的范围。在采购仓储管理中，安全管理是其中非常重要的一项内容，从物料到消防再到防盗，都要制定一系列管理防范制度和操作规范，让仓库管理员、采购员等相关人员严格执行。本节将解读仓库安全管理的实用操作技巧。

8.3.1　如何防止物料仓储损坏

如何防止物料仓储损坏是仓库安全管理中的重大问题，要想保证物料的仓储安全，就要采取一系列合理措施，从流程操作、作业要求、奖惩规定等各个方面都要制定合理的规定，并且严格执行。

总体来说，要想防止物料仓储损坏就要从入库、搬运、储存、包装、交接等各个方面入手，降低损坏率，提高仓库安全管理的效率。接下来，我们将从 5 个方面介绍如何防止物料仓储损坏，如图 8-6 所示。

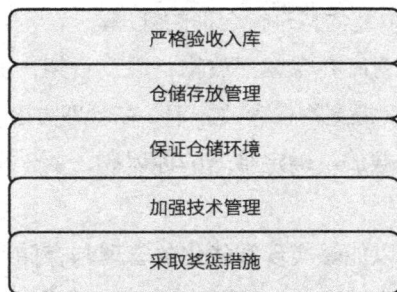

图 8-6 如何防止物料仓储损坏

1．严格验收入库

物料的安全要从验收入库开始，保证进入仓库的物料是未损坏的。物料到达公司仓库以后，仓库管理员需要根据采购清单一一核对，包括名称、数量，必要时还需经有关部门或专业人员验收合格以后，方能入库。

2．仓储存放管理

物料入库以后，需要按照不同的类别、性能、特点和用途，分别摆放。在摆放过程中，要按照定位放置，轻拿轻放，以免损坏物料或包装，降低人为损坏率。此外，库存信息要及时整理并存档管理，定时检查，发现物料损坏，及时上报，减少损失。

3．保证仓储环境

物料发生损坏，除人为原因外，还可能是储存环境不当造成的，比如仓库湿度过大，造成物料受潮；温度过高，使物料性能受损；包装封闭性受损，影响物料所属功能的稳定性。所以，要保证仓储环境的稳定，按照物料特性维持一个平衡的仓库环境。

4．加强技术管理

在整个仓库的运行中，物料的仓储管理是关键，而物料损坏又是很难避免的现实问题，为降低物料的损坏率，公司需要加强技术管理。从物料采购到出入库管理，以科学的仓库管理系统和硬件支持，通过综合性举措降低物料损坏率。比如，提高操作人员的技术熟练程度，使用先进的库存设备等，争取实现"零损坏、零失误"。

5. 采取奖惩措施

物料损坏问题的解决关键在于人的执行能力，如果物料经手人员都能严格按照规定操作，优化仓储环节，物料损坏率会大幅度下降。这需要配合一定的奖惩措施，比如制定物料奖惩考核规定，对随意丢失损坏物料的现象进行双倍处罚，督促员工树立节约意识；还要加大物料仓库现场检查力度，一旦发现浪费材料、损坏物料的现象，当事人及其分管领导要一并接受处罚。

> **小提示：**要想真正解决物料仓储损坏问题，需要多管齐下，采用综合措施，优化物料交货与使用流程，提高工作人员的操作技巧以及遵守规定的意识，这样才能使仓库安全管理真正到位，降低物料的损坏率。

8.3.2　如何对物料进行消防管理

进入仓库的物料在安全管理中，消防管理是一个重要课题，也是仓储作业中的重要环节，仓库消防管理是仓储工作过程中的首要任务。从仓库的消防规定到具体的专人专责，再到对紧急情况的消防处理，都是仓库以及物料消防安全管理的重要任务。

河北张家口某饲料有限公司主营家养牲畜饲料的出售与加工业务，仓库主要物料是饲料原材料和待出库的饲料产品。该公司针对物料的特点和仓储要求，特制定了仓库的消防管理规定。

第一条　为加强仓库消防安全管理，保障人身、产品、设备免受火灾危害，保障公司财产安全，根据全国人大常委会批准的《仓库防火安全管理规则》以及有关消防安全规定，结合公司仓库实际情况，特制定本制度。

第二条　仓库必须认真贯彻"预防为主，防消结合"的方针，实行"谁主管，谁负责"的原则，接受公司指导和监督，负责仓库消防安全。

第三条　仓库是储存重要物资的空间，也是防火重点，必须树立"安全第一"的思想。负责人对所属仓库的消防安全工作负有直接领导责任，如对已发现的火险隐患熟视无睹，对防火工作指挥不当，造成火灾事故，追究主管领导的责任。

第四条　库房人员要严格遵守岗位责任制，严格执行收、发、领、借、退、核等手续，日清日结、定期检查，消除消防隐患。

第五条　库房易燃易爆物料区域内的照明必须采用防爆灯，不能使用其他电器设备。所有照明开关必须安装在库房外，并配有加锁保险盒。

第六条　库房内存放的物料要分类堆放整齐，严格按照防火的"五距"要求堆放。顶距：物料距离顶层0.5米；灯距：物料距离灯具0.5米；墙距：货物距离墙壁0.5～0.8米；柱距：物料距离柱子0.1～0.2米；垛距：物料垛与垛之间应为1米；库房内主要通道不低于1.5米宽。

第七条　露天存放的饲料物应当分类、分堆、分组和分垛，并留出必要的防火间距。堆场的总储量以及与建筑物等之间的防火距离，必须符合建筑设计防火规范的规定。

物料的消防管理是关系到仓库安全的首要问题，必须严格按照相关规定执行，特别是在日常仓库以及物料的管理中，更要对物料加强消防管理。一旦发现险情，立即上报，紧急处置。

8.3.3　如何设置合理的防盗系统

仓库是储存物料的重地，其中，防盗任务也是仓库安全管理的重大课题。那么，公司该如何设置合理的防盗系统呢？如图8-7所示。

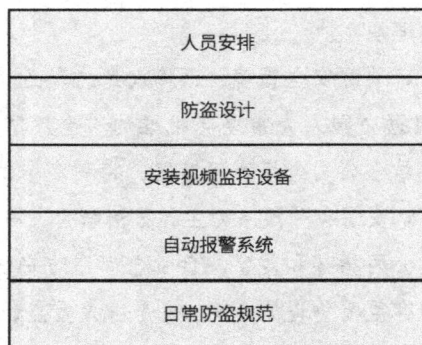

图8-7　如何设置合理的防盗系统

1．人员安排

防盗系统中人是关键的因素，所以，要对仓库的人员进行合理培训。比如，仓库管理员要经过严格的考核，对物料以及仓库的工作流程要非常熟悉。仓库相关人员在上岗前要参加被盗应急措施培训，一旦仓库发生被盗也可以及时处理。另外，必须严禁非仓库人员进入。

2．防盗设计

仓库本身存放的都是贵重或重要的生产物料，对公司或工厂整个供应链非常重要，所以，仓库在设计初期就要有防盗的思维。比如，仓库的墙体要坚实，必要时可加厚，对某些重点区域要多重加固，提高围墙高度。仓库大门使用"明锁＋暗锁"的设置，一层的窗户要加防护栏。或者在围墙顶端装一些尖锐丝状物，并在墙上贴上警示语，防止盗窃者翻墙进入。仓库门窗位置要进行特别的加固处理，提高盗窃难度，增加盗窃的时间成本和风险，以更好地保护仓库内的物料和设备安全。

3．安装视频监控设备

在仓库的内部和附近围墙处安装视频监控设备，24 小时监控仓库内部以及周围环境，而且，无需实时有人看守仓库，强大的实时手机报警摄像头功能可支持随时随地查看仓库内部和周围的情况。

4．自动报警系统

一旦发现有盗窃者行窃，报警系统可自动报警，另外，发生火情时自动报警系统也可以启动应急反应，发出警报声，自动启动与之相连接的灭火系统，并且及时通知相关人员，第一时间做好处理工作。

5．日常防盗规范

人员离开仓库后要及时为门窗上锁，仓库管理员要经常巡查仓库，检查门窗的严密性、牢固性。仓库管理员对仓库以及物料的安全负主要责任，要严格管理收发物料的手续，对物料采购、领料人、进出仓库者必须严格登记。另外，仓库内严禁住人，仓库管理员需随身携带钥匙。

仓库防盗系统的设置需要从多个方面入手，综合各项措施，人、物、技术都要到位：人负责动态管理物料，防止盗窃发生；设备和技术则从物的角度，对仓库物料进行全方位的实时监控管理，即使出现问题也会第一时间反应和处置，降低损失和风险。

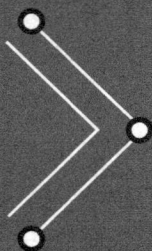

第 9 章

库存盘点管理：维护库存记录的准确性

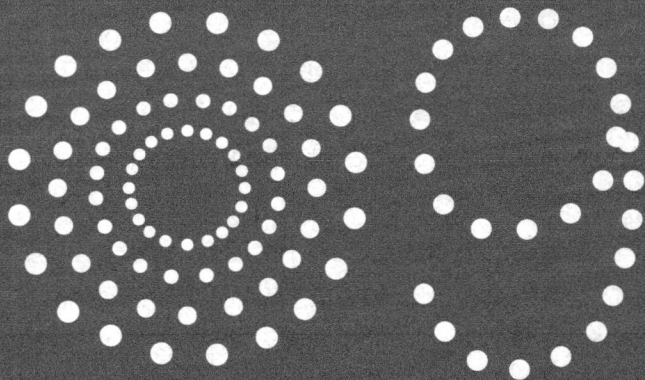

库存盘点管理的目的是维护库存记录的准确性，为了达到这一目标，我们需要采取有效的库存盘点方式，其中重点内容就是实地的盘点方式，比如，以时期区分的"定期 + 不定期 + 经常"的盘点方式，以实务应用区分的"随机 + 永续 + 年度"的盘点方式。而呆废料管理也是盘点管理的重点，包括呆废料的范围，如何预防以及降低处理成本。本章围绕库存盘点管理，详细解读库存记录的盘点与呆废料问题。

9.1　实地盘点方式

实地盘点方式有哪些呢？本节介绍 4 种，分别是按时期区分的定期 + 不定期 + 经常；按方法区分的全面 + 连续 + 联合；按形式区分的开库 + 闭库；按实务应用区分的随机 + 永续 + 年度。这 4 种方式各有优劣，我们应该结合仓库和物料的情况，选择合适的盘点方式，使库存盘点管理更加科学，库存记录更加准确。

9.1.1　按时期区分：定期 + 不定期 + 经常

从盘点角度看，盘点本身就是定期或临时对库存商品的实际数量进行清查、清点的作业过程，其目的是掌握货物的流动情况，对现有物品的实际数量与账务记录中的数量进行核对，以准确掌握库存数量。

比如，仓库中的某件货物，在上个月的盘点中，剩余货物为 56 件，本月盘点剩余 42 件，实际使用 14 件，账物记录为已使用 14 件，剩余实物与使用情况相符合，此货物本次的盘点结束。

从内容上看，盘点主要包括对货物的数量或种类进行盘点，对货物实际情况与账本进行核对，或者是账与账进行核对。通过盘点，我们可以了解货物的实时动态，调控仓库储存，还可以通过盘点发现问题并及时处理，尽早采取防漏措施。

从实地盘点的方式来看，我们可以按照时期区分，将盘点分为定期盘点、不定期盘点以及经常性盘点。接下来，我们详细解读按时期区分的 3 种盘点方式，如图 9-1 所示。

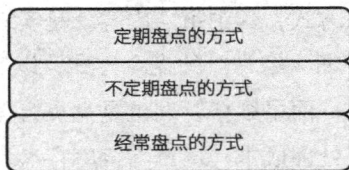

图 9-1　按时期区分的盘点方式

1. 定期盘点的方式

定期盘点的方式就是选择某个固定日期，全面盘点所有物料，也就是在规定的日期内，对所有物料加以盘点，通常会在一个单位期间内的末期进行。比如，某仓库固定在每个月的 27 ~ 30/31 日进行大盘点。从盘点使用的工具来分，定期盘点又可以细分为 3 种盘点方法。

（1）盘点单盘点法

盘点单盘点法是以物料盘点单统计盘点结果的方法。此种方法可以使操作人员非常便捷地将汇总记录整理在列表上，但在盘点过程中，容易产生漏盘、重盘、错盘的现象。

（2）盘点签盘点法

盘点签盘点法采用特别设计的盘点标签，操作人员可将其放置在盘点后的物料上，经复核无误后取下汇总统计。此法对于物料的盘点与复盘的核对方便又正确，对于紧急用料仍可照发，临时进料也可以照收，核对账单与列表也都很方便。

（3）料架签盘点法

料架签盘点法以原有的料架签作为盘点工具，盘点完毕后将盘点数量填入料架签内。此种盘点法的好处是既方便快捷又可免去设计盘点签的麻烦。

2．不定期盘点的方式

不定期盘点也叫临时盘点，此种盘点方式并未确定开始盘点的固定日期，而是在必要时随时进行盘点。通过不定期盘点可以及时发现问题，明确经济责任，查明账本与货物是否相符，其范围一般是局部盘点，必要时也可进行全部盘点。

3．经常盘点的方式

经常盘点的方法并未设置盘点的时期，而是穿插在日常业务之中每日进行盘点。一般使用此法是在日常业务过程中的上午或下午的某个定点，即设定出库限制，其后的时间用于清理或盘点。

以上盘点方式是按照时期来区分的，无论是定期、不定期还是经常性盘点，都有各自的特点，不同的仓库可以根据货物和实际需要而选择合适的时期区分的盘点方式。

9.1.2　按方法区分：全面＋连续＋联合

按照方法区分的话，实地盘点可分为全面盘点法、连续盘点法、联合盘点法，如图 9-2 所示。那么，这 3 种盘点方法分别有什么特点呢？

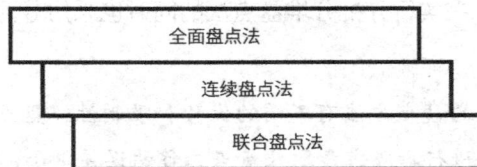

图 9-2　按方法区分的实地盘点方式

1．全面盘点法

全面盘点法指无论定期或不定期，都对所有物料进行全面的盘点。在进行全面盘点前，需要制订相应的计划，停止物料的出入库，安排相关人员运用节假日进行盘点。

全面盘点法的优势是通过全面盘点能对所有的物料有所了解。全面盘点法也有自身的限制性，最明显的就是必须停止出入库以及节假日加班，必要时需增派临时工作人员协助盘点。

2．连续盘点法

连续盘点法又称循环盘点法，是将仓库分成若干区，或就物料分类，逐区逐类轮流进行连续盘点，或某类物料存量达到最低存量时，即机动加以盘点。具体来说，连续盘点法又可以分为3种盘点方法。

（1）分区轮盘法

由盘点人员先将仓库分为若干区，依序清点，经一定时期后再次进行盘点，即从第一区重新盘点。

（2）分批分堆盘点法

将记录签放置于透明塑料袋内，挂在物料的包装上，在发料时随时记录，并将领料单副本存于该透明塑料袋内。盘点时，对还未动用的物料可认为其存量无误，同时，对已动用的物料加以盘点，并核对记录签与领料单。

（3）最低存量盘点法

当仓库内的物料达到最低存量或订购点时，即通知盘点人员清点仓库。盘点后开出对账单，以便核查，最终确认误差。

3．联合盘点法

联合盘点法就是综合运用各种盘点方法，比如，同时实行最低存量盘点法和定期盘点法，或者在实行分批分堆盘点法的同时也采用分区盘点法。

小提示：不同的盘点方法有不同的优势和限制性，盘点人员可以根据仓库实际的货物情况进行盘点，争取让盘点工作的误差更小，提高工作效率。

9.1.3 按形式区分：开库 + 闭库

按照形式区分，实地盘点可分为开库盘点和闭库盘点。

　　开库盘点指的是物料的入库、出库照常进行的盘点。操作人员进行开库盘点时，为了减小影响作业的不利因素以及避免与正常工作形成冲突，其盘点通常选在淡季，这样不用关闭工厂与仓库就可以进行盘点，减少了停工的浪费和领料的不便。

　　闭库盘点则是在盘点前，提前通知所属的用料单位，并限期将已开出的出账拨料单提领完毕，有必要时停工以配合闭库盘点。

　　开库与闭库的盘点方式，最直接的区别就是仓库是呈开放还是关闭状态。两种形式各有优势：开库盘点法不影响仓库的正常运转，物料可正常入库出库；而闭库则是将出账拨料单的信息梳理清楚，甚至关闭仓库先行盘点。

9.1.4　按实务应用区分：随机＋永续＋年度

　　按照实务应用区分，盘点可分为随机盘点、永续盘点和年度盘点，如图 9-3 所示。

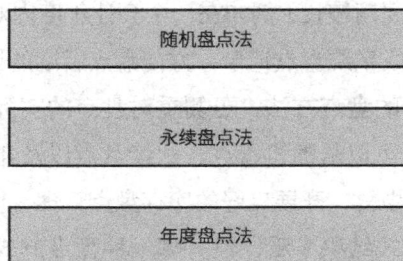

图 9-3　按实务应用区分的实地盘点方式

　　1．随机盘点法

　　随机盘点法指的是物料管理部门根据实际需要随时指定某项物料，统计其现有存量，汇总并计算出差异以作为调账的依据。

　　2．永续盘点法

　　永续盘点法又叫动态盘点法，是指物料管理部门依据物料用量分析，排定日程并将所有的物料分批盘点一次或数次。运用永续盘点法，也可以在物料入库时即进行盘点，将数量和质量进行统一汇总记录。

而一般情况是在入库时抽检，然后入库上架，或固定在仓库某个区域内，需要时再盘点，但这样的话想要查看物料入库时的状态，就要去核对原始入库单，盘点的工作量也会增加。

比如，有些仓库就以颜色标识对物料进行永续盘点。物料的吊牌或货卡用两种颜色，一面是红色，另一面是绿色。入库的时候填红色这面，如果这部分物料一直没动，就一直显示为红色；一旦要取用这个物料，就把它翻过来，写在后面绿色的这部分。下次盘点的时候，只要是红色的部分就不必盘点了，因为未取用过。

这样可以减少重复操作，在物料进库时就盘点好，下次盘点的工作量就会相应减少，所以，永续盘点法的好处是能随时掌握物料准确的库存量，化整为零，方便快捷。

3．年度盘点法

年度盘点法是指公司或仓库停止营业或生产，将物料或物品置于固定位置，以清点物料或物品，并做出结算报告表。

年度盘点法的盘点周期较长，例如在一个会计年度内对物料进行一次盘点，再根据盘点软件自动生成系统盘点记录，方便盘点后期的核对与复盘。

按照实务应用区分的盘点方法，更侧重对盘点的实际操作以及应用技巧，仓库管理员和盘点人员可以从随机盘点、永续盘点以及年度盘点中选择合适的盘点方法，盘点仓库的物料，开展良好的库存盘点管理，以保证生产和供应。

根据实际的盘点方式结果来看，没有哪一种盘点方式可以完全确保盘点无误差，而关键在于抓住盘点的细节。

在盘点之前就要做好准备工作，比如，确定盘点的程序、时间和方法，选择合适的盘点人员。在盘点期间停止休假，带好盘点表单，对盘点要求、盘点常犯错误及异常情况的处理办法等要特别注意。

> **小提示**：初盘前填写盘点表，便于顺利进行正式盘点工作，在复盘时就要注意采用本节涉及的实地盘点方式；同时，仓库管理员要现场监督，协助盘点，防止重复盘点或漏盘，争取将盘点工作完成得更准确。

9.2　呆废料管理

除盘点外，库存盘点管理中的另一项管理任务就是对呆废料的管理。那么，什么物料属于呆废料？如何预防物料变成呆废料？如何降低呆废料处理成本？这些都是呆废料管理中的核心问题：区分呆废料与正常物料，降低呆废料率，降低管理成本。本节就以呆废料管理为核心，解读有关呆废料的各项问题。

9.2.1　什么物料属于呆废料

呆废料指的是加工过程中出现的丧失其使用价值，同时也无法改作他用的物料。其中，呆料指的是库存时间过长，而使用极少或有可能根本不用的物料；废料指的是因某些原因而丧失其使用价值，同时也无法改作他用的物料；残料指的是在使用加工过程中所产生的已无法再利用的边角或零头。本部分的重点就是关于呆废料的划分和管理。

毫无疑问，生产管理者当然不希望出现呆废料，因为呆废料的存在必然会占用一定的库存和成本，影响生产计划的执行。

而且，物料变为呆废料以后，其使用价值会急剧下降，但仓储管理费用并不会因物料价值的下降而减少，需要占用同样的仓储管理费用，显然这是不经济的行为。基于以上信息，我们必须对呆废料进行有效管理。首先，我们先来了解一下呆废料的划分，如表 9-1 所示。

表 9-1　呆废料的划分

名称	划分说明
呆料	存量过多，使用量较少，而库存周转率极低的物料，耗用的概率很小，很可能不知什么时候才能动用，有的甚至根本没有使用的可能。呆料 100% 为可用物料，未丧失物料原有的特性和功能，只是呆置在仓库中很少动用
废料	已经使用，本身已经残破或损耗严重，或已超过使用寿命，以致无利用价值的报废的物料

那么，在明确呆废料的划分以后，如何对呆废料进行处理呢？

首先，要对呆废料信息进行确认：哪些属于呆料，哪些属于废料。重点信息是呆废料的收发记录、盘存记录、统计报表等。确认呆废料信息后，就需要由相关部门列出详细的呆废料明细表。

其次，由呆废料处理小组针对相关部门提交的信息和明细进行分析，制订详细的呆废料处理计划。计划制订结束以后，就要执行呆废料的处理意见。

最后，对呆废料的处理给出评价，评价处理效果，总结呆废料的处理经验，进而防止出现呆废料情况。

以上就是对呆废料的简要的处理过程。之所以会产生呆废料，总体来说，是由于各部门对物料的采购与使用情况把握得不准确，进而直接或间接地造成了呆废料的产生。具体说来，产生呆废料有以下 5 个方面的原因。

1. 销售部门

市场预测欠佳，导致销售计划不准确，使得仓库采购了过多的物料；客户订货不准确，取消订单，导致生产车间改变原有生产计划，因此产生了大量呆废料；客户变更产品型号或规格，尤其是特殊产品，一经变更，原有物料很难用于其他型号产品的生产，进而形成呆废料。

2. 设计部门

产品设计不当，到生产时才发现原有设计有错误；因设计变更来不及修正采购活动，导致呆废料；缺乏标准化设计流程，材料的零部件过多，产生呆废料；设计人员能力不足导致呆废料增加。

3. 采购部门

采购计划不当，如数量过多等；因对供应商的监督不到位，供应商所提供的物料的品质、交货期、规格等不符合设计生产要求。

4. 生产部门

产销协调不顺畅，引起生产计划变更频繁，导致呆料的产生；生产计划错误，致使备料错误，进而产生呆料；生产线上物料发放、领取、退料管理松懈，从而造成生产线上出现呆废料。

5. 品控部门

对所采购的物料把关不严，造成呆废料；抽样检验，未检测出有瑕疵的物料，导致产生呆废料。

小提示：因各部门的原因导致呆废料是生产过程中常见的现象，呆废料所带来的生产负担显而易见，而各部门又和呆废料的产生有紧密关系，所以，要加强对各部门的管理，减少呆废料产生的概率。

9.2.2　如何预防物料变成呆废料

了解了呆废料产生的原因之后，我们又该如何预防物料变成呆废料呢？接下来，我们就分别从呆料和废料的角度，有针对性地解析预防呆废料产生的措施。关于呆料的预防措施如图 9-4 所示。

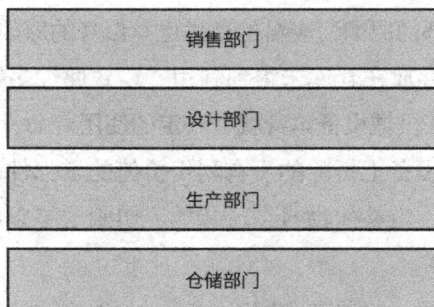

销售部门

设计部门

生产部门

仓储部门

图 9-4　预防呆料产生的措施

1．销售部门

为了预防呆料的产生，销售部门应当加强销售计划的稳定性，对销售计划的变更要加以规划。努力稳定销售计划，尽可能将已采购的物料全部用尽。准确把握客户的订货需求，尤其是特殊产品，与客户签订合同后，不允许随意取消合同订单，规范订货与退货流程。销售人员本身也要把握好订单信息，将订单内容及时、准确地发送给生产部门。

2．设计部门

设计部门要提升设计水平，提高设计精准度，减少设计错误，争取在试产时即发现问题并及时解决，避免因设计错误而产生大量呆料。在设计初步完成以后，必须经过试产阶段，然后再大批量采购物料。对零部件加强标准化管理——很多时候会由于零部件种类过多，而增加呆料机会。

3. 生产部门

生产部门要加强生产与销售的协调，增加生产计划的稳定性，以减少呆料的产生。加强生产线管理，减少生产线的呆料，特别是当新旧生产计划交替时，更要周密安排，防止旧物料变成呆料。

4. 仓储部门

仓储部门要对物料计划进行加强，消除物料计划失常的现象，减少呆料产生。对物料存量要加以控制，避免存量过多，减少呆料产生的机会。同时，强化仓储管理，确保账与物一致。

以上是针对呆料的预防措施，那么，针对废料的预防措施呢？这就要从废料的产生说起。排除部门原因，废料的产生也有自身的原因。

比如，物料长期存放在仓库未得到利用，以致腐蚀生锈，导致其失去了原有的使用价值；而有些机械设备本身就有一定的使用寿命，最终都会成为废料；或者是从残次产品或设备上拆除的没有利用价值的零部件，本身也就成为了废料；再有就是边角料，由整体物料经过裁剪、切割加工以后，剩余的边角料也就成为废料，无法利用。

而废料的预防也要从这些产生原因入手，在生产或加工过程中，就要注意减少或预防废料的产生。

比如，与原供应商协商，以旧料换新料。针对由于物料腐蚀而产生的废料，在预防方面要注意将物料远离强酸碱的环境，保持仓库存放环境的干燥。

同时，建立物料的先进先出原则，减少物料长期存放机会。另外，机器型物料必须注意定期维护与保养，以减少因机器报废而产生废料。

> **小提示：** 以上是从物料本身的特性出发，来制定的相应预防措施。从部门来看，在公司的各部门的产生与经营活动过程中，都有可能产生废料，所以，部门自身以及各部门之间要加强合作，避免废料产生。

9.2.3 如何降低呆废料处理成本

当仓库储存出现呆废料时，就需要对呆废料进行处理，因为物料一旦变成呆废料，其价值已大打折扣，但其所占用的仓储费用并没有因此而减少，如果任由其占用仓库空间，无疑会增加仓储成本。所以，一旦出现呆废料就需要对其进行处理，以达到节省空间和人力，减少资金积压、提高物料利用率的目的。

那么，如何降低呆废料的处理成本呢？这需要从呆废料的处理程序本身进行探索。接下来，我们针对呆料、废料的处理分别进行解读。对于呆料的处理可以从以下 3 个方面入手，如图 9-5 所示。

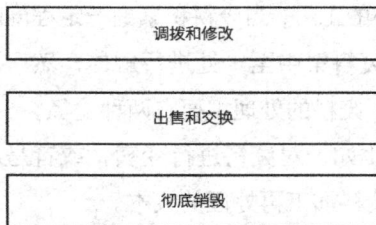

调拨和修改
出售和交换
彻底销毁

图 9-5　呆料的处理方法

1．调拨和修改

对于仓储部门的呆料，可查看其他部门是否有利用机会，如果没有可交由专门的呆料管理小组进行调拨。若呆料少有再利用机会，有时可将呆料在规格上稍加修改，以再次加以利用。

2．出售和交换

可打折出售给原供应商或其他企业，也可以以物易物的方式与条件相等的公司进行交换，最终使呆料得到处理，还能降低损失和处理成本。

3．彻底销毁

无法出售、交换和调拨，而且也无法回收再利用的呆料，最好将其按照类别彻底销毁，比如，焚毁或掩埋。

以上 3 种处理方式，其可利用价值逐次降低，特别是直接彻底销毁的处理成本相对较高，所以，针对呆料，我们还是将其价值尽可能利用起来，以降低处理成本。

在呆料的处理问题上，仓储部门以及公司其他部门必须协调一致，才能更好地解决这个问题。而这种解决最好贯彻在日常的生产过程中，一方面要预防呆料产生，另一方面，一旦产生呆料必须及时予以处理。

在日常生产中，及时掌握呆料的数量和利用情况，将数据报给采购、设计、生产等相关部门，以进一步规划好下一步的工作；也可以为呆料寻找新的用途，进行深加工或分解。这也是降低呆料处理成本的一种思路。

以上就是针对呆料的处理方法以及运营思路，那么，如何处理废料呢？废料本身给仓储以及供应链带来的压力并不比呆料小，如果不进行妥善处理，那么，废料很容易产生各种问题，包括挤占仓库空间、污染环境等，成为企业生产的毒瘤。

一般来说，规模较小的工厂，当废料积累到一定程度时，就该及时出售处理。规模较大的工厂，可将废料集中至一处进行解体，然后再将解体后的物料分类处理，或再利用或出售。废料的处理主要有两种途径。

一是充分再利用。比如，对废料进行变卖，或者是废料解体后，转做其他可利用的物料，以降低废料加工再处理的成本。

二是分解再利用。有些废料的某些部分可以拆解再利用，比如，机械零件、电子零件等，金属类废料可送工厂再冶炼，或者直接以废品的价格出售给废品回收机构。

总之，无论是充分再利用还是分解再利用，都在尽可能地将废料再利用起来，使之发挥二次价值，从而降低废料的处理成本。

郑州某造纸厂除了专业造纸外，对造纸废料处理也有自己的一套解决方案。该造纸厂以造纸排放出的造纸污泥为主要原料，生产新型的生物有机肥，每天最高产量可达 400 吨，每吨的毛利为 150 ~ 180 元。这样一来，原本大量的废弃物就变成了"活宝"；同时，也避免了造纸废料对环境的污染，还能带来一笔可观的收入，真正一举两得。

小提示： 呆废料的处理可以从多个角度入手，其核心是发挥其剩余价值，包括再利用或再回收，既能减少占用仓库的空间，也能获得呆废料的额外价值。

第 10 章

库存成本控制：以最少存货获取最大利润

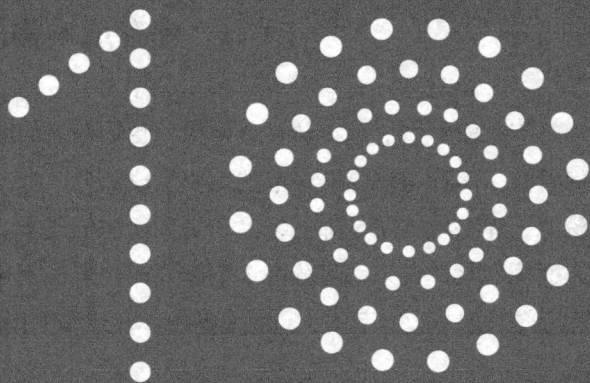

库存成本是库存项目的主要支出部分，要想以最少存货获取最大利润，就要在库存成本的控制方面下功夫。对此，我们需要了解库存成本的构成、库存的计算方法以及控制库存成本的措施，从成本构成入手，到计算方法再到成本控制执行，通过"理论＋实践"的方法，真正降低库存成本。所以，本章就以库存成本控制为主题，详细解读库存成本以及控制库存成本的有效措施。

10.1　库存成本构成

库存成本指的是存储在仓库里的货物所需的成本，包括订货费、购买费、保管费。库存是供应链环节的重要组成部分，指一个组织所储备的所有物品和资源，库存成本就是那些物品和资源所需的成本。那么，库存成本构成有哪些方面呢？具体说来，可分为 3 个部分，分别是库存持有成本、库存获得成本、库存缺货成本。本节的重点就是解析库存成本的构成。

10.1.1　库存持有成本

库存持有成本指的是保有和管理库存而需承担的费用开支，由不同的部分构成，其中，物流成本占据库存持有成本的一大部分。之所以会产生库存持有成本，主要是由库存控制、包装、废弃物处理等物流活动所引起。

库存持有成本主要包括库存投资资金成本、库存服务成本、仓储空间成本以及库存风险成本。

实践证明，在年销量一定的条件下，库存周转率越高，单位商品在仓库停留的时间越短，两者成反比例关系。另外，库存的资金成本、保险、库存风险成本也与库存周转率成反比关系。库存周转率越低，持有成本越高，两者在坐标中呈双曲线状。

所以，我们要想降低库存持有成本，就要提高库存的周转率。接下来，我们再来详细了解一下库存持有成本的构成情况。库存持有成本由以下 4 个部分构成，如图 10-1 所示。

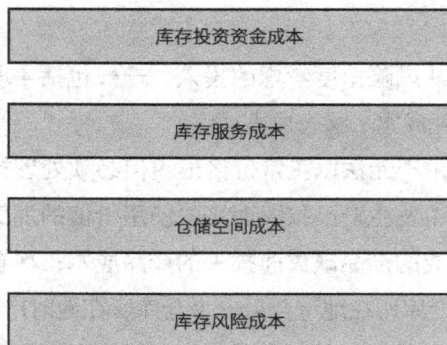

图 10-1　库存持有成本的构成

1. 库存投资资金成本

库存投资资金成本指的是库存商品所占用的资金，而这些资金本可以用作其他用途。无论资金源于企业内部筹集还是外部筹集，比如，出售股票或银行贷款，事实上都使得企业由于保持库存而丧失了其他投资的机会。

所以，库存投资资金成本也算作库存持有成本，而且也确实占用了持有成本中的很大一部分。

2. 库存服务成本

库存服务成本由按货物金额计算的税金和为维护库存而产生的火灾和盗窃保险组成。一般情况下，税金因库存水平的不同而不同，库存水平对保险费率没有什么影响。

3．仓储空间成本

仓储空间成本不同于仓储成本，其只包括那些随库存数量变动的成本。仓储空间成本通常和4类常见设施有关：工厂仓库、公共仓库、租用仓库、公司自营或私人仓库。不同仓储条件下，仓储空间成本是不同的。

在工厂仓库条件下，仓储空间成本可以忽略不记；公共仓库的费用通常是基于移入和移出仓库的产品数量，比如搬运费用，或者是根据储存的库存数量来计算的；租用仓库是指通过签约占用别人仓库的一段规定的使用时间；在公司自营或私人仓库条件下，一般直接计算库存物资的库存持有成本。

其中，自营型仓库的成本体现在建造仓库的固定投资的摊销费用，而外包型仓库的成本则体现为仓库的租金，库存越高，仓储面积越大，仓储成本也越高。

4．库存风险成本

库存风险成本是从风险角度考虑的投入，一般包括4项内容，分别是废弃成本、损坏成本、损耗成本、移仓成本。

废弃成本指的是由于无法以正常价格出售但必须处理掉的成本；损坏成本是指在仓库营运过程中发生产品损毁而丧失使用价值的那部分产品成本；损耗成本多是因为盗窃造成的产品缺失而损失的产品成本；移仓成本指的是为避免废弃而将库存从一个仓库所在地运至另一个仓库所在地时产生的成本。

另外，企业可能会因为库存不合理存放而造成物料损耗或报废，比如食品过期、存放过程中破损、产品滞销、被盗失窃等，这些损失同样属于库存持有的风险成本。

以上4个部分就是库存持有成本的主要内容，库存持有成本是库存成本中不可避免的投入，那影响库存持有成本的因素又有哪些呢？

一是库存周转率，前面提到了库存周转率越高，库存的持有成本就越低；二是库存投资的机会成本率，是影响库存持有成本的首要因素；三是仓库的类型和存货水平的变动情况。库存所使用的仓库类型不同，其持有成本中的空间成本也不一样。一般而言，库存水平变化越频繁，发生空间成本的概率就越大。

> **小提示**：库存持有成本的构成以及影响因素都直接关系到库存成本的高低，作为企业经营者或仓库管理者，就要想办法以最少的存货获取最大的利润空间。

10.1.2 库存获得成本

库存的获得成本指的是企业为了得到库存而需承担的费用。抛开库存的本身价值，如果库存是企业直接通过购买而获得的，则获得成本体现为订货成本，包括与供应商之间的通信联系费用、货物的运输费用等，订购或运输次数越多，订货成本就越高。

如果库存是企业自己生产的，则获得成本体现为生产准备成本，即企业为生产某批物料而进行的生产线改线的费用。简单来说，库存获得成本指的是企业企业向供应商进行购买的成本或者是自身内部生产所做出的投入。

库存获得成本中，采购成本是一项重要费用。一般来说，采购成本是企业为实现一次订货而进行的各种活动的费用总和，包括处理采购或订货的办公费、差旅费、邮资、电话费、文书等各项支出。

在采购成本中有一部分是与采购次数无关的，例如，采购机构的基本开支等，这种成本称为采购的固定成本。而另一部分则与采购的次数有关，包括差旅费、邮资等，称为采购的变动成本。

在库存获得成本中，第二项重要开支就是生产准备成本。当库存的某些产品不是由供应商供应，而在企业内部自己生产时，就属于生产准备成本。具体来说，就是企业为生产某批货物而进行的改线准备所产生的成本。

比如，更换模具、夹具所耗费的工时，添置某些专用设备等产生的固定成本，或者与生产产品的数量有关的费用，比如材料费、加工费等，这属于库存获得成本中的变动成本。

前文讲到库存成本构成中，库存持有成本与采购成本也有一定的关系，即采购成本和持有成本随着订货次数以及规模的变化而呈反向发展。

在初期，随着采购批量的增加，采购成本的下降速度比持有成本的增加速度要快，也就是订货成本的边际节约额比持有成本的边际增加额要多，进而使得总成本下降。

但当采购批量增加到某个点时，采购成本的边际节约额与持有成本的边际增加额相等，这时总成本最小。

之后，随着订货批量的不断增加，订货成本的边际节约额比持有成本的边际增加额要小，导致总成本不断增加。

总之，库存持有成本与采购成本的关系变动是：随着采购规模或生产数量的增加，库存持有成本增加，而采购或生产准备成本降低，总成本线呈 U 形。

10.1.3　库存缺货成本

库存缺货成本指的是由于库存供应中断而造成的损失，其损失具体来说，包括物料供应中断造成的停工损失、库存货物缺货造成的拖欠发货损失、丧失销售机会的损失，另外，还应包括需要主观估计的商誉损失等。

如果是生产型企业，出现急需采购替代型物料以补充库存材料中断的紧急状况时，那么，缺货成本则表现为紧急额外采购成本，而且，这种紧急采购的支出往往会大于正常采购开支。

企业为保证供需的相对平衡，缓和不确定性，就必须保留一定的保险库存，但保险库存过多意味着多余的库存，而保险库存不足则意味着缺货。相对而言，缺货对企业的影响比较大，因为缺货本身很可能引发生产供应中断，以致错过甚至丧失销售机会。

库存缺货成本主要是指因缺货而导致的各种损失，我们要分析缺货成本的原因，确定具体的采购水平，使库存缺货成本尽可能降低，让仓库保证合理的库存数量。总体来说，库存缺货成本由以下 3 个部分构成，如图 10-2 所示。

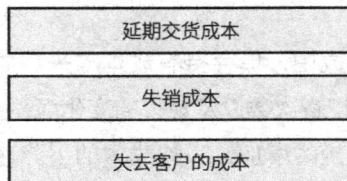

```
┌─────────────────────┐
│      延期交货成本      │
└─────────────────────┘
┌─────────────────────┐
│       失销成本        │
└─────────────────────┘
┌─────────────────────┐
│     失去客户的成本     │
└─────────────────────┘
```

图 10-2　库存缺货成本的构成

1．延期交货成本

延期交货的形式有两种：第一种是缺货商品在下次预定的订货中补充，第二种是延期交货。

如果采用第一种方式，企业实际上没有经济损失，但频繁地延期交货可能会导致企业信誉受损，最终失去客户。如果采用第二种方式，就会发生特殊订单处理和运输费用。

延期交货所造成的特殊订单处理费用相对于一般的订单费用要高，由于延期交货的商品往往是小规模运输。而且，延期交货的商品可能需要长距离运输，比如，从我国东北地区运输到西南地区的仓库，所以，会直接增加其运输成本。

此外，延期交货还可能需要利用快速但昂贵的运输方式。因此，延期交货的成本可以根据额外订单成本和额外运输费用来计算。

2．失销成本

如果客户不允许延期交货，则会产生失销成本，即由于失去销售机会而增加的成本。许多公司都有生产替代品的备选供应商，比较常见的情况是，当一个供应商没有客户所需要的产品时，客户就会立即从其他的供应商处购买，从而对原供应商形成失销。

其直接损失是这种产品的利润损失，具体来说，可通过计算产品的利润，再乘以客户的订货数量来计算直接损失。除了直接损失外，还可能造成负责这项业务的销售人员的人力、精力的浪费，这称为机会损失。

实际上，失销成本的具体数额很难确定，因为机会的损失难以计量，订货数量也难以确定。比如，许多客户习惯电话订货，在这种情况下，客户只是询问是否有货，而未指出要订购多少。因此我们也就不知道直接损失到底是多少。所以，一次缺货对未来销售的影响难以做出精准的计算。

3．失去客户的成本

由于库存缺货，客户可能立即找我们的竞争对手订购货物，进而造成客户流失。失去客户，也就意味着失去了一系列潜在收入，而且，这种缺货造成的损失很难估计。

失去客户的成本需要用管理科学的技术和市场营销研究的方法进行分析和计算，而后果是除了利润的损失，还可能导致信誉损失。

缺货可计算具体某次的缺货成本，在此之前需要先确定该次缺货的类型是延期交货成本、失效成本或是失去客户的成本，然后将该次缺货造成的各种损失成本相加即可。

> **小提示**：缺货成本还可以通过每次平均成本来计算，就是在市场调查的基础上，先计算 3 种类型的各类缺货成本，然后确定这 3 种缺货成本类型的比例，最后使用加权平均法来计算平均一次的缺货成本。

10.2　库存成本计算方法

库存成本的计算方法有哪些呢？具体说来，包括 4 种方法，分别是先入先出法、后入先出法、个别计价法、移动加权平均法。总体来说，库存成本的计算方法各有特点，是从不同的侧重点对库存进行计算，其结果也可以在一定程度上反映出库存的健康水平。本节就以这 4 种库存成本计算方法为核心，解读库存成本的计算技巧。

10.2.1　先入先出法

先入先出法指的是根据先入库先发出的原则，对于发出的存货以先入库存货的单价计算发出存货成本的方法。库存成本的先入先出法的计算方法是：首先，按照存货的期初余额的单价计算所发存货的成本；领发完毕后，再按第一批入库的存货的单价计算，依此从前向后类推；最后，计算发出存货和结转存货的成本。

例如，假定当前库存为 0，10 月 1 日购入 A 产品 100 件，2 元 / 件；15 日购入 A 产品 50 件，3 元 / 件；23 日销售发出 A 产品 50 个，则发出单价为 2 元，成本为 100 元。

按照先进先出的计算方法来看，先入库的材料先取用，期末库存材料就是入库的材料，因此发出材料是按照先入库的材料的单位价格成本来计算的，即先购入先销售。

因此，每次发出的商品都是假定库存内存放时间最长的货物，期末库存则是最新入库的货物，先入先出的方法一般适用于先入库且必须先发出的商品，比如，对日期要求严格且易变质的生鲜产品。

采用先入先出的计算方法核对货物销售成本，可以逐笔结转，无需计算商品单价，但工作量较大，比如，购进批次多但单价各有不同，其计算工作就比较复杂，所以，先入先出的库存成本计算方法比较适合经营品种相对简单的企业或工厂。

从货物价格来看，先入先出法也适用于市场价格呈下降趋势的货物。假设入库货物的单价呈略微下降的走势，那么，从计算方法来看，先入先出方法中的期末存货余额则可按照最后的进价计算，若期末存货的价格接近或低于当时的市场价格，则该库存成本比较真实地反映了企业期末资产状况。

基于以上计算，公司期末存货的账面价格反映的是最后购进的较低的价格，从谨慎的原则来看，先入先出法可以抵消物价下降的不良影响，减少企业的经营风险，进而避免了存货资金虚高导致企业账面资产虚增。

在实际的库存成本计算中，先入先出法有自身的优势，因为在市场经济环境中，各种商品的价格总是处于动态涨跌，如果物价上涨过快，先入库的货物的存货成本比较低，而后入库的货物成本较高。在这种情况下，先入存货的价值就低于市场价值，产品销售成本偏低，而期末存货成本偏高。

但实际的销售价格是与最新的市场价格持平，这样增加了销售额，利润也就偏高，形成虚增利润，实际上是由于存货造成的"利润"，这进而增加了企业税赋负担，投资人分红则因此增多。

如果企业需要融资，那么，这样高利润的账面信息无疑会吸引投资人的注意，增强其投资信心，也反映了领导者的业绩能力和水平。当然，虽然先入先出法有这些好处，但在实际使用中，还是要坚持谨慎原则，毕竟虚增的利润并不是企业的真实账务信息。

另外，在库存成本计算中使用先入先出法时也要注意一些问题。期末存货的单位成本比较接近市场价格，因此，资产负债表可以较为真实地反映财务状况。但由于本批次货物是按照最先入库的物料成本计算的，所以实际的物料费用可能会被低估，因此，销售此批次货物而得出的利润可能无法真实反映销售情况，这点需要特别注意。

虽然先入先出法在实际应用中有很强的便捷性，但也有自身的局限性。比如，当物料的市场价格上涨时，先入先出法的计算结果会高估企业当期利润和库存存货的价值；反之，会低估存货价值和当期利润。在物价涨幅过快的情况下，先入先出法会虚增加企业利润，增加税收负担，不利于企业的资产运转。

10.2.2　后入先出法

库存成本中的后入先出法是将每种库存物料的期末进购价成本作为计算该物料销售成本的一种方法。计算实际销售成本时，先按照最后一次购进物料的进货单价计算，当最后一次购进的商品销完之后，再依次向上一次推进计算。

以甲种商品为例，根据其明细账单信息显示，该商品当月销售数量为1 300盒，用后入先出法计算该商品的销售成本和期末库存商品金额，最终的销售成本 ＝（300×2.80）+（350×2.60）+（250×2.40）+（200×2.20）+（200×2.00）＝840+910+600+440+400=3 190（元），期末库存商品金额为200×2.00=400（元）。

从这个举例的计算结果可以看出，后入先出法的库存成本计算方法在采购单价持续上升的情况下，计算出来的商品销售成本是最高成本，而期末库存金额却是最低成本，所以毛利润也最少。

后入先出法作为存货成本计算方法之一，是以后入库的货物先发出进行计价的，也就是首先耗用的成本是期末存货的成本，先入库的货物后销售。这种计算方法下得出的期末存货额，在物价波动比较大时，与实际的市场价格偏离较大，无法反映当时的货存的真实成本。但与当时的销售收入相比，可相对真实地反映损益水平。

后入先出法也规定了先入库的货物先发出的物流循环规则，其基本特点是使将售的存货按最近取得存货的成本与其实现的销售收入相配比。与先入先出的计算方法相比，采用后入先出法的话，如果物价上涨比较快，那么，其销售成本和期末现金余额也会比较高。但其期末存货余额、销售毛利、所得税和净收益额都会比较低。

所以，企业可以在预期存货价格不断上涨时，选择后入先出法的库存计算方法，以达到递延所得税支出的目的。当预期存货价格将持续下跌时，适合由后入先出法转为先入先出法的库存计算方法。有些企业本身就是按照后入先出的规则开展实物的收发工作，比如炼油企业、玻璃制造行业等。

当然，后入先出法本身也有一定的局限性。比如，当企业的库存品种多、规格杂时，使用后入先出的计算方法来对每一项物料进行计算，其核算工作量非常大，也比较复杂，特别是当盘点方式为永续盘存制度时。

另外，后入先出法一般用于期末存货减少时，因此，后入先出法清算的最简单方法就是保证每年度存货的采购量不小于销售量。所以，有的企业在发生后入先出法清算的会计期末后会大量采购货物。

> **小提示**：企业是否需要大量的存货呢？实际上，企业在经营过程中并不总是需要保持很高的存货量，如果此时仍然按照后入先出的计算结果购入大量货物，就是不经济的行为。

10.2.3 个别计价法

个别计价法又叫个别认定法、具体辨认法或分批实际法，指的是对库存和发出的每一批特定存货的个别成本或每一批成本加以认定的一种方法，其计算公式：每批商品销售成本 = 每批商品销售数量 × 该批商品的实际进货单价。

例如，某公司在当月生产过程中，领用甲种物料 2 000 件，经确认其中 1 000 件属于第一批入库，单位成本为 25 元；另外 700 件属第二批入库，单位成本为 26 元；剩余 300 件是第三批入库，单位成本为 28 元。所以，本月发出甲种物料的成本的计算公式是：物料实际成本 = （1 000 × 25）+（700 × 26）+（300 × 28）= 51 600（元）。

这种计算方法有利于逐项结转商品的销售成本，计算比较准确，但是工作量较大，适用于直运商品或进货批次少且进货批次比较清晰的商品。

按照个别计价法的话，企业的会计部门应按进货批次设置商品明细账，业务部门应在发货单上注明进货批次，仓库部门应按进货批次分别堆放商品。

采用个别计价法时，按照各类型存货，逐个进行记录，辨别各批发出存货和期末存货所属的购进批次或生产批次，分别将其购入或生产时所确定的单位成本作为计算各批发出存货和期末存货成本。也就是说，个别计价法下的库存成本计算方法，是假设存货的成本流转与实物流转相一致的。

个别计价法的优点是，所发存货的成本与期末存货的成本比较准确，合乎事实。但该方法也有自身的局限性，最明显的缺点就是工作量比较大。

> **小提示：**结合个别计价法的优缺点可以得出，该方法适用于识别度高、存货品种和数量都不多，并且单位成本比较高的存货，比如名画、奢侈品、名品珠宝等贵重货物。

10.2.4 移动加权平均法

移动加权平均法指的是以每次进货的成本加上原有库存存货的成本，除以每次进货数量与原有库存存货的数量之和，据以计算加权平均单位成本，以此为基础计算当月发出存货的成本和期末存货的成本的一种方法。

移动加权平均法中，库存商品的成本价格根据每次收入类单据自动加权平均；其计算方法是以各次收入数量和金额与各次收入前的数量和金额为基础，计算出移动加权平均单价。其具体公式如下：

移动加权平均单价=（本次收入前结存商品金额＋本次收入商品金额）/（本次收入前结存商品数量＋本次收入商品数量）；本批次发出存货成本=本批次发出存货数量 × 存货当前移动平均单价。

移动加权平均法统计出的货物成本相对比较准确，但计算工作量也比较大，适用于货物品种较少，或入库前后货物单位价格相差较大的商品。

例如，根据 A 货物的销售与库存的明细资料，运用移动加权平均法来计算该货物的销售成本，如表 10-1 所示。

表 10-1 当月进货后的平均单价

日期	进货后平均单价（元）
10 月 11 日	(700+760) / (200+500) = 2.09
10 月 18 日	(1 240+700) / (500+400) = 2.16
10 月 26 日	(1 394+830) / (450+500) = 2.34
10 月 30 日	(1 973+810) / (800+350) = 2.42
备注	将以上最终结果四舍五入，取小数点后两位

按销售时的加权平均单价计算当月各批次的商品销售成本，分别是：

10 月 11 日商品销售成本 = 400（盒）×2.09 = 836（元）

10 月 18 日商品销售成本 = 350（盒）×2.16 = 756（元）

10 月 26 日商品销售成本 = 500（盒）×2.34 = 1 170（元）

10 月 30 日商品销售成本 = 450（盒）×2.42 = 1 089（元）

所以，10 月的商品销售总量合计为 1 700 盒，成本为 3 851 元。

10.3 库存成本控制措施

库存成本的投入不可避免，但我们可以采取一些有效措施来控制成本，将库存成本控制在合理范围内。具体有 3 大方法，分别是正确确定库存物料、减少不可用库存、采用合适的补货方式。本节就以库存成本控制措施为核心，解读如何控制库存成本。只要将各种操作方法和技巧执行得当，就可以有效控制库存成本。

10.3.1 正确确定库存物料：拉动式 + 推动式

库存成本是企业经营过程中必不可少的开支，但如果管理不当，造成的浪费会使得库存成本直线上升，而生产效率往往没有同步增长。所以，我们希望库存成本能够得到有效控制，这时就需要采取一些行之有效的措施，将库存成本真正降下来，同时不影响而且对生产发展有促进作用。

很多企业自身经营的产品少则几十种，多则成千上万种，而且在多数情况下，无需也不可能对所有的产品都储备物料。对此，企业的首要任务就是正确确定库存物料，其中有推动式库存管理模式和拉动式库存管理模式两种。

在推动式库存管理模式下，对生产的控制就可以基本保证生产计划按时、按量、按质完成，员工只需关注自己所负责的工序即可。推动式库存管理模式中的各道工序相对独立，所以，处在生产线上的半成品的存量比较大。

以推动式库存管理进行生产活动，首先需要计划部门根据市场需求和客户要求，对产品进行逐步分解，然后将生产任务传递到各个生产部门，最后细化出每一道工序和零部件的生产，并且投入生产实施。

从企业各部门的角度看，这种通过分解而获得的生产模式，是将本部门已完成品交由下一部门再生产，一步步推导下去，从而推动整个生产流程的进行。但是，推动式的库存管理模式的一个比较大的局限性就是容易造成生产线上的浪费和物料堆积。

拉动式库存管理模式是根据需求或客户的订单进行生产，其最大特点是市场供需关系的工序化，以外部的需求为驱动力，拉动相关物料的生产、需求和供应。

准时生产和看板管理系统就符合拉动式库存管理模式的要求。准时生产由日本丰田生产方式的创始人、被誉为"生产管理的教父"的大野耐一提出。

大野耐一创造了从后工序到前工序取件的流程，使推动式生产变成了拉动式生产。在准时生产模式下，最后一道工序的拉动能直接带动上一道工序的运转，从而消除了多余库存。而看板管理系统就是在各个作业线之间传递这种工序信息，运营这种系统的工具。

10.3.2　减少不可用库存：在途 + 预留 + 淤滞

虽然多数情况下库存必然存在，但不是所有库存都可以发挥自身作用，满足生产或销售的需求，也可能是库存物料暂时无法发挥作用，但确实占据库存。

而降低库存成本的一个有效措施就是减少不可用库存，具体说来可通过 3 种方式，分别是在途库存、预留库存、淤滞库存，如图 10-3 所示。

1．在途库存

在途库存对于减少不可用库存的意义主要在于缩短交货运输时间，即从供应商处将物料运输到采购方的交货地点，这段时间应该尽可能缩短。

首先，需要根据物料的实际情况选择合适的运输方式，主要看物料的体积、重量和价格等要素。通常情况下，价格高且体积重量比较小的物料会优先选择空运，反之，海运则是常用的运输方式。

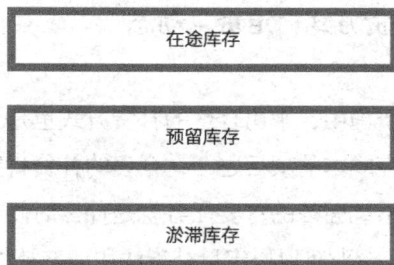

图 10-3　减少不可用库存的 3 种方式

在途库存的减少也要看运输时间的长短，以及对库存的影响，综合各种因素进而对运输方式做出判断，否则，很难达到理想的优化目标。特别是在国际采购中，尽可能减少在途库存成本也是提高库存利用率的有效方式。

除运输方式外，在途库存的减少也要看交货地点的选择，因为企业作为采购方，与供应商或者客户指定的交货地点的距离会直接影响其库存水平，距离越短，交货时间越短，库存量相应也可以降低。

2. 预留库存

预留库存在减少不可用库存方面主要表现为控制订单的整批交货环节。整批交货可以大大降低客户的库存水平，但也对供应商提出了更多要求，所以，企业在接收此类订单时，必须严格控制。如果客户确实需要整批供货，就要协调公司各部门的工作进度，以及与客户的沟通，降低预留库存的发生率。

3. 淤滞库存

在实际操作中，企业可通过合适的商务政策减少淤滞库存的产生。从生产线开始，优化管理，制定合适的生产节奏，缩短物料运输时间和路程，以降低产品库存，以先入先出的原则处理物料，多措并举减少淤滞库存。

小提示：总之，减少不可用的库存需要从多个角度入手，包括货物交接时间、运输方式、交货方式以及淤滞库存的预防和处理等，库存成本的控制和减少就是在生产和销售的各个环节中来实现的。

10.3.3　采用合适的补货方式：定量 + 动态

在库存成本的控制措施中，采用合适的补货方式也是一种行之有效的办法。仓库的补货系统也是库存成本的项目之一，合理的补货肯定会给库存成本控制带来一定的好处。而补货系统面临的首要任务就是什么时候补货，以及每一次补多少货的问题。通常来说，企业可以以定量补货法和动态补货法来控制库存成本。

定量补货法指的是当某种物料的库存量达到预先设定的水平时即进行补货的方法。比如，当库存量低于 200 件时，库存系统会提示仓库管理员，某种物料需要补货。

如果客户对交货要求不严格且有长期需求，而供应商方面的交货情况比较良好，物料的单价较为稳定时，就可以采用定量补货法。但这种方式也有自身的局限性，就是因为操作简单所以对安全库存量的要求比较高。

相对于定量补货法，动态补货法对企业管理者的要求比较高，因为动态补货法通过现有库存量及未来一段时期内的需求来预测和实现仓库货物数量的平衡，并根据预测结果来决定当前是否要生成采购单补货。

如果货物的需求量不稳定，只能依靠不定期的预测来提高需求数据的可靠性，并且产品的单位价格比较高，因此可以采用动态补货的方式。但动态补货的缺点就是仓库系统管理较为复杂。

无论是定量补货法还是动态补货法，都有其优势和局限性，企业可以根据库存物料的不同来决定到底使用哪种补货方式，这种不同的判断标准主要是看物料的重要程度。

小提示：一般来说，A 类库存物料即特别重要的库存物资，适合采用动态补货法，而 C 类物料即不重要的库存物料可采用定量补货法，这样的补货系统工作特点使得企业可以将更多的时间和精力放在重要物料的管理上，进而提高订单的交货率，降低库存量，最终达到控制库存成本的目的。